Petra Bock

Nimm das Geld
und freu dich dran

Wie Sie ein gutes
Verhältnis zu Geld bekommen

Kösel

Meinem Vater, meiner Mutter und meinen
Großmüttern Anna Bock und Barbara Kornmüller

FSC
Mix
Produktgruppe aus vorbildlich
bewirtschafteten Wäldern und
anderen kontrollierten Herkünften
Zert.-Nr. SGS-COC-1940
www.fsc.org
© 1996 Forest Stewardship Council

Verlagsgruppe Random House FSC-DEU-0100
Das für dieses Buch verwendete FSC-zertifizierte Papier
Munken White liefert Arctic Paper Munkedals AB, Schweden.

Inhalt

Wachstum als Lebensstil

Einleitung

Als Kind habe ich meinen Vater am Wochenende oft arbeiten sehen. Er saß mit einer Pfeife im Mund an seinem Schreibtisch und schrieb mit spitzem Bleistift lange Zahlenreihen aufs Papier. Wenn mein Vater arbeitete, war ich ganz still und malte feierlich gestimmt meine Malbücher aus, die ich ihm dann zur Begutachtung vorlegte.

Mein Vater stand für mich sehr früh für das Thema Geld und Wohlstand. Als ich ihn mit sieben oder acht Jahren einmal fragte, wie viel Geld wir hätten, sagte er zu mir: »Über Geld spricht man nicht.« Geld, dachte ich mir, muss wohl ein großes Geheimnis sein.

Ich komme aus einer Familie, in der sich vieles um Geld dreht. Mein Vater gehört zu den wenigen privaten Vermögensverwaltern Deutschlands, und seit ich mich erinnern kann, jettet er um die Welt und spricht in New York und Schanghai, in London und Tokio mit Banken und Investmentgesellschaften darüber, wie das Geld seiner Mandanten wohl am besten anzulegen wäre.

Obwohl ich aus diesem Hintergrund stamme, hatte ich selbst meine große Mühe mit dem Thema Geld. Ich hatte kein richtiges Verhältnis dazu. Mal hatte ich welches, mal nicht. Je mehr ich mich anstrengte, es zu bekommen, desto weiter schien es sich zu entfernen. Und wenn ich mich gar nicht richtig darum kümmerte, bekam ich es plötzlich. Geld erschien mir wie eine Naturgewalt. So wie die alten Griechen dachten, Gefühle würden wie Stürme von den Göttern des Olymps zu uns Menschen geschickt und wir seien ihnen einfach ausgeliefert, so dachte ich, Geld sei ebenso wenig fassbar und ebenso wenig beeinflussbar. Es sei eben Glück oder Schicksal, es zu haben oder auch nicht. Die Samstage im Büro meines Vaters, in denen ich ihm bei der Arbeit zusah, blieben lange Zeit ein Mysterium für mich.

Später glaubte ich, man würde nur durch extrem harte Arbeit und ein Leben voller Entbehrungen zu Wohlstand kommen. Wenn das so war, wollte ich lieber darauf verzichten. Denn ein gutes Leben war mir immer wichtiger als ein mit Lebensfreude erkaufter Kontostand. Aber mit den Jahren lernte ich, dass Geld und Leben sich nicht widersprechen, sondern zusammengehören.

Ich ging geradewegs ins Herz der deutschen Finanzwelt und arbeitete mehrere Jahre als Unternehmensberaterin in Frankfurt am Main. Und siehe da, ich erlebte wohlhabende Menschen, die gar nicht verbissen und geizig waren. Ganz im Gegenteil. Sie waren großzügig, lachten viel und hatten ein freudig-entspanntes Verhältnis zu ihrem Leben und ihrem Geld. Viele von ihnen waren als Kinder nicht auf Rosen gebettet und hatten sich alles selbst aufgebaut. Wie machen die das bloß, fragte ich mich. Ich war fasziniert. Denn wenn es nur einem Menschen gelingen konnte, trotz widriger Umstände zu einem guten Leben und einem entspannten, sympathischen und erfolgreichen Verhältnis zu Geld zu kommen, dann musste das auch für jeden anderen möglich sein.

Seit vielen Jahren habe ich die Banken- und Finanzwelt hinter mir gelassen. Ich habe nicht nur gelernt, wie man Geld anlegt, ich habe auch gelernt, wie man es selbst verdient und wie man diese Dinge anderen beibringen kann. Jeden Tag arbeite ich mit interessanten Menschen und übe dabei den für mich schönsten Beruf der Welt aus: Ich berate und coache Menschen, ihren authentischen und erfolgreichen Weg im Beruf zu gehen. Ich begleite sie dabei, wie sie persönlich und finanziell erfolgreich werden können. Mit Hunderten von ihnen habe ich in Einzelcoachings und Seminaren zum Teil verblüffende Ergebnisse erzielt.[1] Während mein Vater Experte dafür ist, wie man sein Geld am besten anlegt, weiß ich heute, wie man überhaupt dazu kommt, Geld zu haben, und zwar unabhängig davon, woher man kommt und welchen Beruf man bisher ausgeübt hat. Ich kenne die Hindernisse, aber auch die Schlüssel, die ein Mensch braucht, um ein finanziell erfülltes und glückliches Leben zu führen.

In diesem Buch möchte ich Ihnen, meine lieben Leserinnen und Leser, zeigen, wie man persönlich und finanziell erfolgreich wird. Ich setze da an, wo wahrer Wohlstand beginnt. Nicht bei Anlagestrategien und Zinsen, sondern bei einem authentischen und guten Verhältnis zu sich selbst, dem Leben und zu Geld. Finanztipps nutzen Ihnen nichts, wenn Sie ein schlechtes Verhältnis zum Thema Geld haben, am liebsten wegschauen oder in eingefahrenen Verhaltensmustern verharren. »Warum soll ich mich mit Geld beschäftigen, wenn ich eh nie welches übrig habe?«, fragen zum Beispiel einige. Aber genau für diese Menschen ist es wichtig, dieses Thema in den Blick zu nehmen. Denn für einen wirklich erfolgreichen und erfüllenden Umgang mit Geld müssen die geistigen und gefühlsmäßigen Grundlagen stimmen. Egal, ob es darum geht, mehr zu verdienen, weniger auszugeben oder Geld gut anzulegen. Erst wenn Sie sich gerne, angstfrei, freudig-entspannt und ohne emotionale oder mentale Tabus mit dem Thema Geld in Ihrem Leben beschäftigen, haben Sie den Schlüssel zu Ihrem Wohlstand in der Hand.

Ich teile in diesem Buch mein Wissen mit Ihnen und zeige Ihnen, wie ich mit meinen Klienten, deren Namen und Geschichten ich natürlich anonymisiert habe, arbeite. Sie werden sehen, dass man mit dem richtigen Ansatz auch sehr vertrackte finanzielle Themen in den Griff bekommen kann. Ganz entscheidend ist es, dass man die Wurzel der Geldproblematik erkennt und die innere Offenheit besitzt, sich mit ihr auseinanderzusetzen. Das lohnt sich in jedem Falle für Sie, wenn Sie eines oder mehrere der folgenden Probleme in Ihrem Leben kennen:

- zu wenig Geld;
- mal genug Geld, mal zu wenig;
- genug Geld, aber keine Freude daran;
- ein schlechtes Gewissen beim Geldausgeben;
- Existenz- und Zukunftsängste;
- das Gefühl, sich nicht gut verkaufen zu können;
- das Gefühl, sich manchmal selbst zu sabotieren.

Den ersten Schritt haben Sie bereits getan. Sie sind bereit, sich mit dem Thema zu beschäftigen, das wohl zu den größten Tabus unserer Zeit gehört. Denn im Laufe meiner Arbeit habe ich den Eindruck gewonnen, dass Beratung und Coaching zum Thema Geld heute ungefähr die gleiche Brisanz haben wie Sexualberatung und -aufklärung in den 50er-Jahren des 20. Jahrhunderts. Niemand spricht gerne darüber. Schüchternheit, Scheu und Hemmungen sind typische Reaktionen, wenn es um Geld geht. Viele weichen aus und wechseln das Thema, andere fühlen sich herausgefordert und reagieren aggressiv. Manchmal fließen Tränen. Die eigenen Ängste sind übermächtig, Tabus ziehen sich durch die Familiengeschichte. Menschen sind ratlos, sprachlos.

Das ist verständlich, wenn man sieht, wie sehr Geld mit dem Thema Würde und Wert eines Menschen verknüpft ist. Das passiert in erster Linie in uns selbst, nicht nur im Außen. Geld ist hoch emotional aufgeladen. Viele wünschen es sich so sehr, denken, alles dafür zu tun, glauben, ihr Leben sei von einem Tag auf den anderen wunderbar, wenn sie nur genug davon hätten. Und sie denken, nichts wert zu sein, zu versagen, unwürdig, unglücklich und schlecht zu sein, wenn sie nichts oder zu wenig davon haben. Es ist ein Teufelskreis und er füllt, wie eine schlechte Beziehung, eine innere Leere und innere Angst aus. Geld steht für viele Menschen für Liebe, Achtung, Nahrung und Sicherheit, für Dinge, die wir uns alle als Kinder gewünscht und die wir gebraucht haben.

Manchmal haben wir genau das aber nicht bekommen. Im Laufe unseres Lebens lernen wir dann wie ein Mensch, der zum Beispiel durch einen Unfall ein Bein verloren hat, mit dem anderen Bein alles auszugleichen. In meiner Arbeit mit vielen Menschen habe ich sehen können, dass wir mit Geld dazu neigen, unsere emotionalen Defizite auszugleichen. Das passiert sowohl dann, wenn wir zu wenig haben, als auch dann, wenn wir es gierig anhäufen, ohne einen Bezug dazu zu haben.

Als Coach arbeite ich nicht therapeutisch, sondern praxis- und zielorientiert. Es interessiert mich, wie wir unsere Einstellungen, Denk- und Gefühlsmuster so verändern können, dass wir unsere wahren Ziele effizient verfolgen und erreichen. Einer der Väter des Coaching, Timothy Gallway, prägte die Formel »Leistung ist gleich Potenzial minus Störungen«. Da ist eine Menge dran. Wenn es uns gelingt, die Störmuster in unserem Denken und in unserem Leben zu beseitigen, dann kann sich unser Potenzial voll entfalten. Wir werden fähig, das zu tun, wozu wir fähig sind. Und genau so können wir unsere Geldthemen angehen und in den Griff bekommen.

Zunächst werden wir damit beginnen, die Grundmuster, die hinter diesen Geldthemen stehen, zu erkennen. Wir beginnen mit den Störungen und werden uns dann ansehen, wie gelungene Geldmuster aussehen und sich anfühlen. Sie werden lernen, wo genau Ihre ganz persönliche Geldproblematik liegt und an welcher »Baustelle« Sie weiterarbeiten müssen. Im zweiten Teil des Buches geht es darum, ein stabiles und gutes Selbstwertgefühl und ein vertrauensvolles Verhältnis zu Ihrem Leben und der Welt da draußen zu bekommen. Das Selbst- und das Weltbild sind nämlich die beiden Stellschrauben, mit denen Sie Ihren finanziellen Erfolg maßgeblich steuern können.

Wo Sie selbst auch mit dem Thema Geld stehen mögen – dieses Buch soll Ihnen dabei helfen, den Kern Ihrer ganz persönlichen Geldproblematik zu erkennen und Schritt für Schritt ein neues Geldbewusstsein zu entwickeln. Es wird Ihnen dabei helfen, eine ganz persönliche, stimmige und vor allem funktionierende Geldstrategie zu entwickeln. Sie werden lernen, wie Sie die Früchte Ihrer Arbeit in Zukunft reichlich ernten können, wie Sie Wohlstand aufbauen und Ihr Leben in Fülle genießen können. So, wie Sie es verdient haben.

Ich wünsche Ihnen, dass Sie aus den kommenden Seiten den größtmöglichen Gewinn für sich ziehen. Dass Ihr Leben sich entscheidend verbessert und Sie sich frei zwischen allen Möglichkeiten, die es Ihnen bietet, entscheiden können. Wir leben in einer wunderbaren Zeit. Denn so viele Chancen wie heute hatte noch keine Generation vor uns. Noch nie konnten die Menschen so frei über ihr Leben bestimmen. Jeder von uns kann heute seinem Herzen folgen und sein Leben persönlich und finanziell erfolgreich gestalten. Lassen Sie uns das Beste daraus machen!

Dr. Petra Bock,
Berlin, im Frühjahr 2008

DAS GEHEIMNIS WAHREN WOHLSTANDS

Wofür steht Geld bei Ihnen?

Der Ursprung und Sinn von Geld

Es wäre so einfach, wenn wir Geld als das sehen würden, was es ist. Ein Symbol für Tauschkraft. In allen Kulturen entstand es nach dem gleichen Muster. Es begann damit, dass ein Mensch mehr erzeugte, als er selbst verbrauchen konnte. Sagen wir, einer unserer Vorfahren hatte eine schöne, kleine Schafherde. Dann ging er zu seiner Nachbarin, einer Töpferin, und fragte sie: Welche Krüge kann ich haben, wenn ich dir ein Schaf dafür gebe? Nun, es war alles perfekt, wenn sie gerade ein Schaf brauchte. Dann gab sie dem Schäfer ein paar schöne Krüge und bekam dafür das Schaf. Wenn sie aber keines brauchte, weil sie vielleicht schon welche hatte, dann hätte der Schäfer ein Problem gehabt. Sie hätte ihm die Krüge nicht gegeben, es sei denn, er hätte ihr stattdessen etwas anderes dafür angeboten.

Viel besser liefen Handel und damit die Wirtschaft in den Kulturen, als sich Geld entwickelte. Denn mit Geld hatte man ein Symbol für den Wert, den ein echtes Tauschobjekt hatte. Weil es noch keine Scheine und Münzen gab, tauschte man seltene Objekte, je nach Kultur zum Beispiel schöne Muscheln oder Steine. Hätte der Schäfer der Töpferin also eine Muschel gegeben, dann hätte sich die Töpferin etwas anderes davon holen können und ihm gerne ein paar Krüge gegeben. Sie hätte dann für die Muschel zum Beispiel ein neues Kleid beim Nachbarn in Auftrag geben können.

So funktioniert Geld. Es steht für eine erbrachte Leistung und macht uns unabhängig. Wir können davon kaufen, was und wann wir es wollen. So weit, so gut. Nun kommt aber der menschliche Faktor ins Spiel. Es ist von außen manchmal zum Haareraufen, mit welch abstrusen Vorstellungen und Ängsten wir uns selbst ein Bein stellen.

Nehmen wir einmal an, unser Schäfer hätte seine Herde immer weiter vermehrt. Er braucht eigentlich dies und das, aber er kann sich nicht durchringen, ein Lämmchen oder ein Schaf zu tauschen. Sein Leben wird immer ärmlicher, obwohl die Herde Jahr für Jahr größer wird. Er befürchtet, dass ihn die Töpferin bestimmt übers Ohr hauen will oder dass seine dann etwas kleinere Herde ihn dann nicht mehr ernähren würde. Was passiert? Erst als er nicht mehr anders kann, ringt er sich durch, etwas zu tauschen. Nach und nach hortet er Dinge und Muscheln in seiner Hütte, aber den Kontakt zu den Menschen hat er längst verloren. Er hat Angst, dass die Muscheln niemals reichen. Er züchtet Lämmchen um Lämmchen, aber das schlechte Gefühl, dass die Welt ein Ort ist, an dem er nie sicher sein kann, bleibt.

Die Töpferin dagegen geht von Haus zu Haus, um ihre Krüge entweder gegen vollkommen wertlose Dinge einzutauschen, die sie gar nicht braucht, oder gar zu verschenken. Wie von Geisterhand gelenkt verschleudert sie ihre Werte, verkennt ihre Interessen, lässt sich von Leuten wie dem Schäfer übertölpeln und sagt, als sie von einer wohlmeinenden Freundin darauf angesprochen wird: »Ich kann mich halt nicht verkaufen.« Als ihre Freundin ihr den Rat gibt, schonender mit ihrer schönen Töpferware umzugehen und sich wenigstens ein paar anständige Muscheln dafür geben zu lassen, sagt sie hilflos mit den Achseln zuckend: »Ich kann halt nicht mit Muscheln umgehen ...«

Was in aller Welt ist in den Schäfer und die Töpferin gefahren? Ginge es nach dem Menschenbild der Wirtschaftswissenschaften, dürften beide nicht so handeln, sondern müssten nach ihrer Vernunft ganz anders mit ihren Werten umgehen. Aber sie sind eben echte Menschen und damit oft alles andere als vernünftig.

Ob Schäfer oder Töpferin: Beide haben ein Problem mit sich. Und beide haben ein Problem mit den anderen, mit der Welt da draußen. Das wiederum bringt ihnen ein Problem mit den Früchten ihrer Arbeit und den schönen Muscheln, die sie als Tauschwert bekommen. Und genauso geht es vielen Menschen mit dem Thema Geld.

Wir werden in diesem Buch dem Phänomen des einsamen Schäfers und der sorglosen Töpferin auf den Grund gehen. Denn wir alle sind keine rational handelnden Wesen, wenn es um Geld geht. Und deshalb läuft auch bei den meisten von uns nicht alles am Schnürchen. Es ist offensichtlich, dass es weder den Schäfer noch die Töpferin weitergebracht hätte, wenn sie gesagt hätten: Wir haben ein Problem mit Geld. Denn das ist gar nicht der Fall. Das Geld selbst ist nicht das Problem. Egal, welches Wissen wir über Geld haben – den beiden hätte es auch nicht geholfen, wenn sie Geldexperten geworden wären. Was ihnen aber geholfen hätte: Experte und Expertin des eigenen Lebens zu werden. Sehen wir uns also an, was es damit auf sich hat.

Vier Grundbedürfnisse: Liebe, Nahrung, Anerkennung, Sicherheit

Wenn wir zur Welt kommen, sind wir nicht auf Geld gepolt, sondern auf Gefühle. Wir brauchen die Wärme und Zuwendung unserer Mutter und unseres Vaters sowie der anderen Menschen, mit denen wir in Kontakt kommen. Wir brauchen Sicherheit, genug zu essen, Fürsorge und wohlwollende Anerkennung von unseren Eltern. Wir brauchen beide Elternteile als Vorbilder und lernen von ihnen, wie die Welt da draußen funktioniert und ob sie ein spannender, freundlicher Ort voller positiver Überraschungen oder ein ungemütlicher, gefährlicher Platz ist, an dem alle möglichen Katastrophen auf uns warten.

Liebe, Nahrung, Anerkennung im Sinne von »gesehen werden« und Sicherheit: Das ist unsere Welt in den ersten Jahren. Egal, ob wir in Peking oder New York, in Berlin oder in Bad Nauheim geboren wurden. Egal, ob unsere Eltern reich, arm oder irgendetwas dazwischen waren.

Das wird sich auch später nicht ändern: Liebe, körperliche wie psychische Nahrung, Anerkennung und Sicherheit bleiben die Hauptmotive, nach denen wir ein Leben lang streben. Es mögen später noch Spielarten hinzukommen: die Lust auf Luxus, auf Status, die Freude am Wissen und anderes. Alles lässt sich auf diese vier Grundmotive zurückführen. Selbst die Macht ist eine Spielart der Angst vor dem Verlust an Sicherheit, Liebe, Nahrung und Anerkennung.

Wenn es an einem dieser vier Aspekte fehlt, agieren wir vielleicht so wie der Schäfer oder die Töpferin. Dann entwickeln wir uns nicht so, wie wir könnten und vielleicht auch sollten. Denn ein Mensch, bei dem alle vier Grundbedürfnisse befriedigt werden, ist von sich aus zuerst einmal neugierig, kreativ, mutig und wohlwollend. Er wächst und gedeiht, er sucht und schafft sich die Umgebung, die er braucht, um weiter wachsen und gedeihen zu können. Er lebt ein Leben mit Sinn, Herz und Verstand. Sein persönlicher Wohlstand ist eine natürliche Folge eines guten Austausches mit der Welt. Ein solcher Mensch gibt Schafe, Töpfe, Beratung, Hilfe, Pflege, Organisationstalent, Geschick, Können und Wissen, kurz, was er kann und gerne tut, und bekommt Geld dafür zurück.

Fehlt es aber an einem oder mehreren der vier Grundbedürfnisse, dann wird der Mensch versuchen, sich dafür anzustrengen. Er wird schon als Kind vergessen zu spielen und sich zu entwickeln, weil er damit beschäftigt ist, zu gefallen, sich zu schützen, sich abzugrenzen, zu überleben. Als erwachsener Mensch wird er so weitermachen: Sicherheit durch Horten von Geld und Gütern oder durch Macht über andere, Anerkennung durch einen übertriebenen Lebensstil, Liebe gegen Geld, Nahrung über Süchte. Das sind typische Beispiele.

Es kann aber auch weniger auffällig zugehen. Die Problematik kann sich zum Beispiel darin zeigen, dass ein Mensch sich nicht für sich einsetzt oder glaubt, die vier Bedürfnisse nur dann erfüllt zu bekommen, wenn er gefällig und »lieb« ist. Finanziell zeigt sich das in lächerlichen Gehältern, falschen Berufsentscheidungen, einem verschwenderischen Lebensstil oder einer falsch verstandenen Sparsamkeit. Um geliebt, genährt, gesehen und geschützt zu sein, tun diese Menschen Dinge, die ihnen selbst schaden. Andere gehen zum Angriff über und glauben, nur durch permanente Dominanz, über Kontrolle durch Macht, durch Geld und notfalls auch Gewalt geliebt zu werden, Respekt zu bekommen und für Nahrung und Sicherheit im eigenen Leben sorgen zu können. Das Leben wird in der einen wie in der anderen Art zu einem Überlebenskampf. Wir existieren zwar, kämpfen aber ständig oder haben uns längst aufgegeben.

Wachsen Sie und Ihr Wohlstand wird wachsen

Egal, welchen Weg ein Mensch wählt: Wir werden diese »emotionalen Löcher« so nicht schließen können. Wir kommen damit zu Armut oder falschem, aufgesetztem Wohlstand. Wir erreichen niemals wahren Wohlstand. Wir erreichen kein Leben, das zu uns passt. Kein Leben, in dem wir uns verwirklichen und täglich wachsen können. Solange Geld für nicht erfüllte Grundbedürfnisse herhalten muss, bleiben wir wie die vernachlässigten Kinder und leben nicht unser volles Potenzial. Wir verharren stattdessen in unseren alten Überlebensstrategien.

Wenn wir Probleme mit Geld haben, müssen wir uns die Hintergründe genau ansehen. Denn Geld ist, richtig verstanden, wie die Muschel in der Geschichte von der

Wofür steht Geld bei Ihnen? Welche Grundbedürfnisse, die »mit Muscheln« nicht zu bezahlen sind, sind für Sie am wenigsten befriedigt? Wie zeigt sich das in Ihrem Verhalten? Zum Beispiel: Jemand versucht, sich andere Menschen mit Geld und Geschenken und überbordender Großzügigkeit gefällig oder sogar gefügig zu machen, damit er sich weniger einsam und sicherer in der Welt fühlt. Ein anderer Mensch versorgt sich häufig mit Dingen, die er gar nicht braucht, um sich von innerer Leere und Einsamkeit zu befreien – auch wenn es nur für den Moment ist. Wieder ein anderer gönnt sich nichts, genießt nichts und hält sich und andere knapp, um sich sicher zu fühlen und die Liebe anderer, die wohl das knappste Gut war und ist, nicht mehr zu brauchen.

Töpferin. Es ist nur ein Äquivalent für unsere Fähigkeit, mit uns selbst, mit anderen und der Welt in Austausch zu treten. Es zeigt uns an, wie sehr wir in der Lage sind, unsere Talente und Fähigkeiten so umzusetzen und in einen fließenden Austausch mit anderen zu bringen, dass ein Überfluss entsteht. Es zeigt uns an, wie stark und nachhaltig wir wachsen und uns persönlich entwickeln.

Die Macht verborgener Denkmuster

Der Vater eines Freundes von mir hatte die Angewohnheit, mit seinem neuen Mercedes laut hupend vor seinem bescheidenen Elternhaus vorzufahren. Es war ihm die allergrößte Genugtuung, wenn die Nachbarschaft und seine Eltern sehen konnten, wie weit es der Junge aus den einfachen Verhältnissen gebracht hatte. Seinem Sohn war das peinlich: »Papa, warum musst du dich so aufführen?«, fragte er ihn eines Tages. Da antwortete er: »Ich will, dass die Leute sehen, dass ich jetzt jemand bin.« Sein Sohn antwortete nicht darauf, aber er verstand jetzt, dass sein Vater vorher anscheinend niemand war, ein Nichts.

Niemand zu sein muss furchtbar sein. »Du bist ein Nichts. Du bist ein Niemand.« Wer wird ihm wohl diese Sätze eingetrichtert haben? Vielleicht war es aber nur ein stummes, unbewusstes Wissen, das der Vater meines Freundes im Laufe seines Lebens erworben hat.

Man kann Geld sehr einfach dazu benutzen, Beziehungen zu steuern und Menschen zum Funktionieren zu bringen. Man kann sie würdigen, indem man ihnen etwas gibt, und man kann sie kränken, indem man es nur gezielt gibt oder ganz verweigert. Verborgene Emotionen können unter der Oberfläche weiterschwelen und verhindern eine Lösung der eigentlichen Konflikte.

Man kann mit Geld aber auch Menschen davon abhalten, ihr eigenes Leben in die Hand zu nehmen. Eine Klientin aus sehr wohlhabendem Haus bekam von klein auf gesagt, dass sie sowieso ihr Leben lang nicht arbeiten müsse und es deshalb nur wichtig wäre, dass sie eines Tages den richtigen Mann heiraten würde. Die Frau war Mitte 40, als sie zu mir kam und auf ein Leben voller ungelebter Träume, Abhängigkeiten und Verzweiflung zurückblickte. Im engen Korsett des »Du kannst es dir ja leisten, zu Hause zu bleiben« war sie immer weiter in ein Loch gerutscht, aus dem sie nur mit professioneller Hilfe herauskam. Die mit Geld begründete dahinterliegende Botschaft lautete: »Bleib zu Hause und warte auf einen Mann.« Nun, nach zwei gescheiterten Ehen, machte sie sich auf die Suche nach ihrem eigenen Weg. Sie wollte arbeiten und für das, was sie der Welt gab, auch Geld verdienen. So wie alle anderen Menschen auch. Dazu musste sie sich von dem Gedanken befreien, sie dürfe als wohlhabende Frau kein Geld für ihre Arbeit annehmen – was in unserer Kultur so viel bedeutet wie gar nicht zu arbeiten.

Wir beurteilen andere und uns selbst

Arm oder reich – der Besitz von oder Mangel an Geld führt dazu, dass wir andere bewerten und von anderen bewertet werden. Nicht nur materiell, sondern auch ganz persönlich und emotional. Es darf uns deshalb nicht wundern, dass wir auch uns selbst entsprechend einteilen und bewerten: Bin ich ein erfolgreicher Mensch oder habe ich versagt? Habe ich genug Geld oder bin ich ein armer Schlucker? Gehöre ich zu den Privilegierten oder den Ausgebeuteten und Vernachlässigten? Bin ich Täter oder Opfer? Bin ich ein »kleines Licht« oder der »große Bringer«? Sehr subtil, aber tief greifend ordnen sich die meisten Menschen in ein Oben-unten-, Überfluss- oder Mangel-System ein und drücken sich den Stempel »geschafft« oder »versagt« auf. Es ist sehr traurig und berührt mich tief, was ich in meinen Beratungen dazu höre und was ich zugegebenermaßen selbst schon über mich gedacht habe.

Eine Klientin sagte zu mir gleich zu Beginn eines Coachings: »Ich komme aus einfachen Verhältnissen. Mein Vater war auf dem Bau und meine Mutter ging putzen. Meine Eltern haben sich abgerackert, damit ich einmal studieren kann, und ich bin eine einzige Versagerin. Ich bekomme eigentlich nichts auf die Reihe und stolpere von einem finanziellen Desaster ins nächste.« Sie saß ganz eingesunken auf dem Sessel. Ich fragte sie, ob sie in diesem Moment gerecht mit sich umgehe. Und sie antwortete: »Nein, ich bin hart zu mir. Hart und ungerecht.« Sie konnte zum ersten Mal darüber weinen.

> Wie denken Sie über sich selbst? Welche Bewertung geben Sie sich selbst? Verurteilen Sie sich manchmal? Oder sind Sie stolz auf sich? Welcher Anteil überwiegt? Mit welchem Recht?

Geld und Charakter

Besitz oder der Umgang mit Geld zeigen uns nicht nur, wo ein Mensch gesellschaftlich steht, sondern lassen uns schnell, oft vorschnell, auf die persönlichen Qualitäten oder charakterlichen Mängel schließen.

Not und Mangel werden oft mit Eigenschaften wie Faulheit, Bequemlichkeit oder einem bösen Schicksal verknüpft. Armut macht Menschen in der Vorstellung ihrer Mitmenschen je nach deren Sichtweise zu Opfern oder zu Tätern. Das ist nicht nur heute so, wo ein Mensch sein finanzielles Schicksal viel stärker beeinflussen kann. Bereits vor Jahrhunderten wurde unterstellt, man habe eine eigene Verantwortung für Reichtum oder Armut. Für gläubige Christen war Armut früher entweder Zeichen eines bescheidenen, gottgefälligen Lebensstils oder Ausdruck dessen, dass man von Gott für das Paradies auserwählt worden sei.

Reichtum ist in den Augen vieler nicht weniger zweideutig. Für die einen zeichnet er Menschen aus, die besonders begabt, fleißig und klug sind. Für andere ist er Zeichen einer ganz besonderen charakterlichen Verworfenheit. Reiche sind für diese Menschen Egoisten, Ausbeuter, Scharlatane, die sich an anderen bereichern, oder einfach oberflächliche »Dünnbrettbohrer«.

> Wie denken Sie über Armut und Reichtum? Welche Eigenschaften schreiben Sie einem armen Menschen zu, welche einem reichen? Welche Eigenschaften haben Sie selbst?

Störungsmuster im Selbst- und Weltbild

»Von nichts kommt nichts«, sagt der Volksmund. Das stimmt. Wenn wir ein schlechtes Verhältnis zu Geld haben, wenn wir uns selbst und die Welt um uns herum ablehnen und kritisieren, kommen wir auf keinen grünen Zweig.

Das Verhältnis eines Menschen zu Geld zeigt sich in einem bestimmten Muster, mit sich selbst und mit anderen umzugehen. Es gibt produktive und unproduktive Muster, die dann als Störungen wirken und Menschen davon abhalten, ihr finanzielles Potenzial zu verwirklichen.

In meiner gesamten Arbeit mit dem Thema Geld bin ich lediglich auf drei Grundmuster gestoßen, auf die sich

Geldprobleme zurückführen lassen. Diese Muster offenbaren sich in Schlüsselsätzen, die ein Mensch über sich und die Welt glaubt. Unter »Störungsmustern« verstehe ich übrigens keine krankhafte psychische Störung. Ich meine das in einem reinen Coaching-Sinne, in dem es darum geht, Sie dabei zu unterstützen, Ihre Ziele zu erreichen. Nach der bereits zitierten Formel »Leistung ist gleich Potenzial minus Störungen« stören uns Störungen einfach dabei, unser volles Potenzial zu entfalten.

Meistens werden die Sätze, die ein verborgenes Störungsmuster zeigen, nicht direkt und nicht wörtlich ausgesprochen. Dennoch sind sie wie ein Motiv, das hinter den Aussagen eines Menschen über sich und die Welt steht:

- Ich habe es nicht verdient, Geld zu haben oder es zu genießen.
- Ich kann es nicht oder zu wenig. Ich bin faktisch nicht gut genug und nur schwer in der Lage, mein Leben materiell zu bewältigen.
- Die Welt ist schlecht, sie ist ein feindlicher, gefährlicher Ort. Andere, das Leben, die allgemeine oder wirtschaftliche Situation lassen es nicht zu, dass ich Erfolg habe und zu Geld komme.

Das Muster »Ich habe es nicht verdient« zeigt mangelnde Selbstachtung. Wahrscheinlich wurde ein Mensch, der mit diesem Muster zu tun hat, nicht genug respektiert und in seiner Würde angegriffen.

Das zweite Muster »Ich bin nicht gut genug« offenbart einen Mangel an gefühlter Selbstwirksamkeit und Kompetenz, der unseren Wert oder den Wert unserer Arbeit infrage stellt. Wer mit diesem Muster zu tun hat, wird wenig Vertrauen in die eigenen Fähigkeiten erfahren haben. Wem nichts oder wenig zugetraut wurde, der traut sich selbst wenig zu und hat dann das Gefühl, »nichts« zu können oder die Dinge nicht gut genug zu machen. Liebe und Anerkennung waren in der eigenen Lebenserfahrung wahrscheinlich bisher Mangelware. Vielleicht hat es sogar an psychischer oder tatsächlich an Nahrung im wörtlichen Sinne gefehlt. Die Angst, sich nicht »ernähren« zu können, schwingt noch in unserem Sprachgebraucht mit.

Wenn ich der Meinung bin, etwas nicht zu können, dann verdiene ich auch wenig oder nichts dafür. Wenn ich sogar glaube, allgemein ein Nichtskönner zu sein, dann bleibe ich »verdientermaßen« immer am Rande meiner eigentlich möglichen Existenz.

Das dritte Muster »Die Welt ist schlecht« zeigt an, wie sicher und geborgen ich mich in der Welt fühle. Wenn ich der Meinung bin, die Außenwelt ist schlecht oder gefährlich, dann habe ich kein Vertrauen zu ihr und werde mich immer misstrauisch und vorsichtig in ihr bewegen. Das Gefühl aus guten Kindheitstagen, dass die Welt und das Leben eigentlich ein schöner Ort voller Gelegenheiten und Abenteuer ist, habe ich dann verloren. Ich bewege mich wie ein ängstliches Kind, mache Fehler und diese bestätigen mir, dass die Welt wirklich nicht auf mich gewartet hat.

Die drei Grundmuster eines unproduktiven Geldbewusstseins kommen eher selten in Reinform vor. Es gibt Mischformen. Wenn ein Mensch zum Beispiel glaubt, dass er etwas nicht kann, weil er es nicht verdient hat und darüber hinaus die Außenwelt gefährlich ist, dann sind alle drei Muster vorhanden, aber das »Ich habe es nicht verdient«-Muster sowie das »Die Welt ist schlecht«-Muster stehen hierbei im Zentrum.

Es gibt meiner Erfahrung nach so gut wie immer ein dominantes Grundmuster. Wenn man dieses Muster auflöst, kann das eigentliche finanzielle Potenzial eines Menschen sich recht schnell zeigen. Auf dieser Basis ist es für jeden möglich, durch eine neue Strategie und neue Gewohnheiten eine finanziell bessere Zukunft zu erarbeiten.

Das Selbstwertgefühl als Schlüssel zum finanziellen Erfolg

Die Grundmuster »Ich habe es nicht verdient« und »Ich bin nicht gut genug« sind in der Psychologie nicht unbekannt. Sie zeigen an, wie hoch oder niedrig das Selbstwertgefühl eines Menschen ist. Ein Mann, der sich in diesem Bereich sehr verdient gemacht hat, ist Nathaniel Branden, ein erfahrener Psychotherapeut aus den Vereinigten Staaten. Die Thesen aus seinem Buch *Die 6 Säulen des Selbstwertgefühls* geben wichtige Anregungen für das Thema Geld und Selbstwert.[2]

Das Selbstwertgefühl teilt sich in zwei Komponenten:

- die *Selbstachtung*, die uns die Gewissheit gibt, Respekt und ein gutes Leben verdient zu haben;
- die *Selbstwirksamkeit*, die uns das Vertrauen gibt, uns Wohlstand erarbeiten zu können, gut genug zu sein.

»Ich habe es nicht verdient« ist demnach eine Störung der Selbstachtung. »Ich bin nicht gut genug« ist dagegen eine Störung der Selbstwirksamkeit eines Menschen. Wie wir uns selbst achten und was wir uns zutrauen, sind aber die wesentlichen Bestandteile unseres Selbstbildes. Egal, ob dieses Selbstbild positiv oder negativ ist: Menschen neigen dazu, dafür zu sorgen, dass ihr Selbstbild bestätigt wird. Ein negatives Selbstbild führt damit häufig zu einem Leben voller Mangel. Ein positives Selbstbild fördert Erfolg und Wohlstand. Mit einem positiven Selbstbild meine ich ausdrücklich nicht das positive Denken. Positives Denken auf Teufel komm raus führt meiner Erfahrung nach zu einer Welt voller Illusionen, in der man schnell den Kontakt zur Realität verliert. Wichtiger ist es, Krisen und Probleme, die zum menschlichen Leben dazugehören, bewältigen zu können. Ich halte es hier mit der chinesischen Medizin, die sagt: »Gesundheit ist die Fähigkeit des Körpers, Krisen zu bewältigen.« Das gilt genauso für emotionale oder geistige Krisen. Dazu müssen wir in der Lage sein, Krisen als solche anzuerkennen. Der nächste Schritt ist aber, einen Weg hinauszufinden und mit der neuen Erfahrung im Rücken wieder ein Stück gewachsen zu sein. Wenn ein Mensch jedoch permanent in Krisen und negativem Denken verhaftet ist, hat er tatsächlich ein Problem.

»Keiner will mich« – Von Frust und Verlassenheit

»Was ich auch tue, es passiert immer wieder das Gleiche«, klagte Manuela Bauer, eine 45-jährige Sozialpädagogin, die zu mir ins Coaching gekommen war. »Ich habe jetzt schon über 100 Bewerbungen rausgeschickt und bekomme entweder keine Rückmeldung oder nur Absagen.« Ich wartete ab. »Keiner will mich sehen. Keiner will mir eine Chance geben.« Ich fragte sie, ob sie damit einverstanden wäre, sich für einige Zeit gar nicht zu bewerben und sich stattdessen auf die Rosinen im Jobkuchen zu konzentrieren. Sie solle zunächst einmal für sich erarbeiten, was ihre Traumstelle wäre. Dieser Vorschlag brachte Manuela Bauer völlig aus der Fassung. »Aber wo denken Sie denn hin? Wer denken Sie denn, wer ich bin? Ich kann doch froh sein, wenn ich mich irgendwo vorstellen darf, wenn mich irgendjemand nimmt in meinem Alter.« Für mich waren die Grundmuster damit klar erkennbar. Es handelte sich um eine Mischung aus »Die Welt ist schlecht«, also einem negativen Weltbild, und »Ich habe es nicht verdient«, einem Mangel an Selbstachtung.

Wir analysierten ihre bisherigen Bewerbungsstrategien und es trat offen zutage: Sie hatte sich mit schlechten Unterlagen auf Stellen beworben, für die sie eindeutig nicht qualifiziert war. Ich fragte sie, ob sie nur diese Bewerbungen geschrieben habe. Da fiel ihr ein, dass sie noch andere auf passende Stellen weggeschickt hatte und auch zu Gesprächen eingeladen worden war. Sie hatte das tatsächlich vollkommen »vergessen«. »Und was wurde aus den Gesprächen?«, fragte ich. Sie errötete und meinte dann sehr leise: »Zu einem bin ich nicht hingegangen, weil es mir nicht gut ging. Das andere ist gut gelaufen und ich habe dann von mir aus abgesagt, weil alle so unfreundlich waren, und das dritte habe ich leider selbst verhagelt.« Ich fragte sie, was passiert sei. »Sie haben mich gefragt, ob ich diese Stelle aus vollem Herzen gerne machen würde. Da habe ich Trottel ›Nein‹ gesagt.« Ich schmunzelte und sagte: »Sie sind zu ehrlich für diese Welt«, und wunderte mich nicht, als mir Manuela Bauer aus vollem Herzen zustimmte: »Das stimmt, das haben mir schon viele Leute gesagt, ich bin einfach zu ehrlich und kann nicht lügen.« Sie hatte nicht bemerkt, dass diese »Ehrlichkeit« ihre Strategie war, sich selbst zu sabotieren.

Nach einigen weiteren Sitzungen war Manuela Bauer an einem völlig neuen Punkt angekommen. Sie erkannte, dass sie das Gefühl hatte, im Leben immer als Bittstellerin auftreten zu müssen. Von klein auf hatte sie gehört, dass sie froh sein dürfe, überhaupt am Familientisch geduldet zu sein, war sie doch ein unerwünschter später Nachzügler von Eltern, die schon Mühe hatten, ihre ersten beiden Kinder durchzubringen. Sie hatte die Welt als einen Ort kennengelernt, an dem sie eigentlich »zu viel« war und an dem sie Glück und Liebe eigentlich nicht verdient hatte. Diese sehr früh entwickelte Sicht auf das Leben hatte sie bis in ihre Erwachsenenjahre konserviert. Und dieses Weltbild hatte ihr bisher einen Streich nach dem anderen bei allen Bewerbungsverfahren gespielt. Wir arbeiteten im Coaching an einer neuen, diesmal professionellen Sicht auf ihren Beruf. Sie lernte, dass »Bittstellerei« im Job unangebracht ist und tatsächlich ein Erbe ihrer Kindheit war. Diese Kindheit lag über 30 Jahre zurück. Verhaltensweisen, die sich aus der Not ihrer frühen Jahre gehalten hatten, hatten in ihrem jetzigen Leben nichts mehr zu suchen.

Manuela Bauer übte neue, passende Sichtweisen ein und entwickelte eine selbstbewusste, klare Bewerbungsstrategie für Stellen, die sie wirklich haben wollte und die ihren Vorstellungen, Stärken und Begabungen entsprachen. Sie wurde auf jede ihrer Bewerbungen hin eingeladen und suchte sich am Ende das Beste aus drei Angeboten heraus.

Unser Selbstbild will bestätigt werden

Wir können am Beispiel Manuela Bauers sehen: Das Selbstwertgefühl beeinflusst sehr stark das Selbstbild eines Menschen. Und dieses wiederum sorgt wie eine selbsterfüllende Prophezeiung dafür, dass das, was wir über uns denken, wahr wird.

Ich glaube, dass jedoch nicht nur unser Selbstbild, sondern in genauso großem Maße unser Weltbild dafür sorgt, ob wir erfolgreich sind oder nicht. Nur wenn ich davon überzeugt bin, dass diese Welt ein guter Ort ist, an dem ich mich verwirklichen kann und einen Platz habe, kann ich ein erfülltes, erfolgreiches Leben führen. Wenn aber das Selbst- oder das Weltbild oder sogar beide Bilder eines Menschen kritisch und destruktiv sind, wird es auch zu finanziellen Problemen kommen. Es sei denn, die Mängel werden gerade über Geld und Leistung kompensiert. Dann bekommen wir es mit dem Typus Mensch zu tun, der nach Geld giert, alles unter finanziellen Aspekten bewertet und dazu neigt, andere Menschen mit Geld an sich zu binden und zu dirigieren.

Schauen wir uns die einzelnen Grundmuster für ein gestörtes Geldverhältnis im Folgenden genauer an.

»Ich habe es nicht verdient«

Sie haben mit dem Grundmuster »Ich habe es nicht verdient« zu tun, wenn Sie folgende oder ähnliche Sätze bei sich oder anderen erkennen:

Eigentlich ...

- bin ich nur ein ganz gewöhnlicher Mensch. Was bilde ich mir eigentlich ein, mehr zu können oder zu wollen als andere?
- bin ich ein kleines Licht. Eines Tages werden andere den Bluff erkennen und sehen, dass ich nichts kann.
- dürfen andere auf Wohlstand und ein glückliches Leben hoffen, ich aber nicht.

- bin ich viel zu blöd, dumm oder ungeschickt, etwas zu erreichen, und habe deshalb auch nicht mehr verdient.
- bin ich schuld daran, dass es meinen Eltern, meinem Partner, meinen Kindern, der Person XYZ schlecht geht. Deshalb darf ich nicht an mich und meine Ziele denken.
- habe ich es nicht verdient, ein gutes Leben zu leben.
- weiß ich, dass ich für Katastrophen geboren wurde, dass meine ganze Existenz eigentlich eine Katastrophe ist.
- bin ich eine Zumutung für meine Umwelt.
- darf ich das Leben nicht genießen.
- darf ich nichts für mich einfordern, denn das wäre schlecht.
- habe ich nur ein Recht auf meine Existenz, wenn es mir schlecht geht und/oder ich mich für andere aufopfere.
- bin ich nur liebenswert und/oder attraktiv, wenn ich klein und schwach bin. Sobald ich stark werde, mögen mich andere Menschen nicht mehr.

Besondere Spielarten des »Ich habe es nicht verdient«-Musters sind:

- Ich bin nur dann etwas wert, wenn ich Geld und Erfolg habe.
- Hast du was, bist du was.
- Sein kommt von Haben.

Typische Verhaltensweisen, die dem Muster »Ich habe es nicht verdient« entspringen, sind:

- unentgeltlich arbeiten;
- Geschenke nicht oder nur schwer annehmen;
- keine Hilfe erbitten oder annehmen;
- selbst deutlich mehr für andere tun als von ihnen bekommen;
- sich um das Wohlergehen anderer bemühen;
- eine einseitige Ernährer- oder Helferrolle einnehmen;
- sich selbst vernachlässigen;
- Schwierigkeiten, mit Lob und Dank umzugehen.

»Was glaubst du, wer du bist?« – *Späte Bedürftigkeiten*

Daniela Martens war Anfang 40, als sie zu mir in die Beratung kam. In ihren Zwanzigern hatte sie nach einer Ausbildung zur Rechtsanwaltsfachangestellten Jura studiert, den Beruf als Rechtsanwältin aber nur kurz ausgeübt. Mit Ende 20 kam ihr Sohn zur Welt, drei Jahre später die Tochter. Ab diesen Jahren hatte sie kein eigenes Geld mehr verdient, sondern vom Gehalt ihres damals erfolgreichen Ehemanns gelebt und sich um die Kinder gekümmert. Jetzt war ihre Ehe gescheitert und sie kam zu mir in die Beratung, um beruflich neu anzufangen. Ihre finanzielle Situation war, wie sie sagte, eine Katastrophe. Ihre Kinder waren noch minderjährig und ihr Exmann, der inzwischen mit seinem Unternehmen insolvent geworden war, konnte zunächst nicht einmal zum Kindesunterhalt beitragen. Sie musste zur Arbeitsagentur, um für sich und die Kinder Hartz IV zu beantragen.

Daniela Martens kam mehrere Wochen lang regelmäßig zu mir. Ihre Tante bezahlte ihr das Coaching. Frau Martens wollte erfolgreich in ihren Beruf zurückkehren. Ihre Abschlussnoten waren gut, sie hatte gute Zeugnisse und sie hatte sehr gute Kontakte. Trotzdem wollte und wollte es nicht klappen mit einem Job in einer Kanzlei. »Meine Eltern lassen mich im Stich«, klagte sie, »sie schicken mir keinen Cent. Es ist wie früher: Sie sind nicht für mich da. Nicht einmal, wenn ich sie brauche. Das Abitur durfte ich nicht machen, das Studium musste ich selbst finanzieren und jetzt bringt nicht einmal die Not meiner Kinder sie dazu, dass sie mir helfen.«

Dieser Bezug auf die Eltern machte mich hellhörig. Ich fragte weiter und allmählich trat ihr Muster deutlich zutage: Die kleine Daniela fühlte sich bei den von ihrem eigenen Leben überforderten Eltern, beide Flüchtlingskinder, immer »zu viel«. Sie hatte den Eindruck, schuld an der schlechten Lebenssituation ihrer Eltern zu sein. Als sie in die Pubertät kam, hörte sie Sätze wie »Für ein Mädchen reicht auch die Mittelschule« oder abfällige Bemerkungen über Frauen, die sich beruflich etwas aufgebaut hatten. Die Eltern überhörten alle Wünsche ihrer Tochter, weiter die Schule zu besuchen. Als sie nach der Lehre wieder den Wunsch äußerte, das Abitur nachzumachen und zu studieren, erklärten ihre Eltern sie für verrückt und fragten sie: »Was glaubst du eigentlich, wer du bist? Sei froh, dass du die Lehre geschafft und einen Job hast.«

Trotz dieses Widerstands jobbte sie in der Kanzlei, machte das Abitur in der Abendschule nach und studierte schließlich. Der Kontakt zu den Eltern brach ab, bis sie heiratete und schwanger wurde. »Das passte wieder ins Bild«, sagte Daniela Martens. Dass sie klaglos den Beruf aufgab, um als Hausfrau und Mutter zu leben, sieht sie heute kritisch. »Ich habe mich wieder abhängig gemacht, dachte, ich dürfte nicht an mich denken, müsste für andere da sein, um eine gute Frau zu sein.« Sie genoss es auch ein wenig, wieder versorgt zu werden und nicht jeden Tag um den eigenen Unterhalt und das eigene Fortkommen kämpfen zu müssen. »Ich denke heute, ich hatte einen großen Nachholbedarf danach, versorgt und verwöhnt zu werden. Ich fühlte mich viel zu früh ins kalte Wasser geworfen.«

In den nachfolgenden Bewerbungsgesprächen gab sich Daniela Martens zunächst bescheiden und nachgiebig. Keine gute Eigenschaft für eine Anwältin, die für ihre Mandanten streiten muss. Das wunderte mich, weil ich sie als selbstbewusste, redegewandte Frau kennengelernt hatte. Im Laufe unserer Arbeit wurde klar, dass sie tief drinnen der Ansicht war, einen guten Job als alleinerziehende Mutter, als Geschiedene und speziell als Tochter ihrer strengen Eltern nicht verdient zu haben. Als ob sie ihren Eltern unbewusst weiter zeigen wollte, dass sie ihre Liebe und Hilfe brauchte, sabotierte sie sich selbst und zeigte sich schwächer, als sie war.

Wir arbeiteten nun nur noch an diesem Punkt, an ihrer Selbstachtung, und lösten den Glaubenssatz »Ich habe es nicht verdient«, der sie daran hinderte, ihr hart erarbeitetes finanzielles Potenzial auszuschöpfen. Es waren Sitzungen, in denen wir danach forschten, wo ihre Ressourcen, ihre Fähigkeiten und Talente lagen. Wir arbeiteten an Strategien, wie sie zu guten Erfolgsgewohnheiten kommen konnte, ohne sich verbiegen zu müssen.

Die Wochen und Monate unserer Zusammenarbeit waren nicht immer leicht für Daniela Martens. Sie experimentierte mit einem neuen Blick auf sich selbst und auf die Außenwelt. Sie arbeitete an neuen Gewohnheiten. Doch sie lernte, wie alle Menschen, die ein grundlegendes Hindernis erkannt und beseitigt haben, extrem schnell.

Ein halbes Jahr nach Beginn unserer Arbeit hatte Daniela Martens eine Stelle bei einer guten Anwaltskanzlei mit der Aussicht auf Übernahme in die Partnerschaft. Sie handelte ein gutes Gehalt aus, flexible Arbeitszeiten und genug freie Tage, um mit ihren Kindern in den Urlaub zu fahren. Inzwischen hat sie auch einen neuen Partner gefunden, einen Mann, der ihre Karriere unterstützt.

»Ich habe es nicht verdient« ist ein Muster, das sich in vielen Lebensgeschichten in unterschiedlich verschlüsselten Formen wiederfindet. Es führt dazu, dass ein Mensch wenig oder gar kein Geld verdient oder das Erreichte selbst wieder zunichtemacht. Dieses unproduktive Denken ist meiner Meinung nach der Grund dafür, dass 80 Prozent der Lottomillionäre fünf Jahre nach ihrem Gewinn ärmer sind als zuvor. Meine Vermutung ist, dass sie neben einer unzureichenden Geldkompetenz insgeheim davon überzeugt sind, das Geld eigentlich nicht verdient zu haben.

Das Muster »Ich habe es nicht verdient« findet sich aber auch bei Menschen, die finanziell objektiv gut dastehen. Oft sind es die zwanghaften Sparer, die deshalb kein Geld ausgeben, weil sie sich keine Freude oder keinen Genuss gönnen. Sich etwas zu gönnen, wenn man etwas hat, bedeutet, sich selbst für seine Arbeit und seine Leistungen zu belohnen. Es bedeutet, sich selbst wertzuschätzen, sich etwas wert zu sein und der eigenen Lebensqualität Bedeutung beizumessen.

Wenn vor lauter Sparen nichts zum Leben bleibt

Martin Brögemann arbeitete als Unternehmensberater mit hohem Einkommen, als er zu mir ins Coaching kam. Obwohl sein Gehalt beinahe jährlich stark anstieg und er kurz davor stand, Partner der Beratung zu werden, war er sehr unglücklich und unzufrieden. Er empfand sein Leben als lustlos und leer und hatte den Verdacht, dass es an seinem Job liegen könnte. Der machte ihm aber eigentlich Spaß. Im Laufe unseres Gesprächs stellte sich heraus, dass er in einem kleinen Apartment wohnte, 60 bis 70 Stunden pro Woche arbeitete und seine Wochenenden vor dem Fernseher verbrachte.

»Die Leute denken, ich führe ein schickes Leben mit Cabrio, Restaurants, tollen Frauen etc.«, sagte er zu mir, »aber sie wissen gar nicht, wie ich in Wirklichkeit lebe.« Sein sehr bescheidener Lebensstil, das wurde im Laufe unserer Arbeit klar, war nicht die Folge einer bewusst getroffenen Sparentscheidung, sondern hatte damit zu tun, dass er sich nichts gönnen konnte. Jedes Mal, wenn er eine Art »Lustkauf« tätigte und sich zum Beispiel eine teure Uhr leistete, gab er diese am nächsten Tag mit dem inneren Satz »Ach, die brauche ich doch eigentlich gar nicht« zurück. Ähnlich ging es ihm mit Restaurantbesuchen. Er verzichtete irgendwann auf private Essensverabredungen, weil er wusste, dass er entweder nur eine Vorspeise bestellen oder sich den ganzen Abend über die Preise ärgern würde. »Ich wusste, dass ich den Abend später bereuen würde. Warum also überhaupt noch zu Verabredungen gehen?« Als ich ihn nach seinem »Familienerbe« fragte, also den Erfahrungen zum Thema Konsum und Geld in seiner Kindheit, kam eine genauso traurige wie klärende Geschichte zutage.

»Meine Eltern haben sich selbst nichts gegönnt. Sie haben nur gearbeitet und meinten, man solle seinen Wohlstand nicht zeigen. Auch ich wurde kurzgehalten und nur dann gelobt, wenn ich Geld eben nicht ausgab, das ich zum Beispiel zu Weihnachten von Verwandten geschenkt bekam. Ich habe damit gelernt: Ich bin nur dann ein guter Junge, wenn ich mir nichts kaufe und verzichte. In Wirklichkeit haben sich meine Eltern nicht das Leben gegönnt, das sie sich eigentlich längst verdient hatten, und diese Freudlosigkeit haben sie an mich weitergegeben.«

Brögemanns Eltern hatten sehr konsequent ihr Lebensmotiv »Ich habe es nicht verdient« zu Ende gelebt. Ein Motiv, das sie wahrscheinlich als Halbwaisen, die beide im Krieg ihre Väter verloren hatten und in mehr als bescheidenen Verhältnissen mit mehreren Geschwistern aufwuchsen, verinnerlicht hatten.

Ob es darum geht, sein finanzielles Potenzial nicht zu verwirklichen oder es nicht genießen zu können: Die Hintergründe für das »Ich habe es nicht verdient«-Muster sind vielfältig.

Milieuwechsel

Männer wie Frauen haben häufig Probleme damit, aus dem Milieu ihrer Herkunft aufzusteigen und sich ein besseres Leben zu gönnen. Selbst wenn ihre Eltern ihnen immer wieder beteuert haben, sie sollten es einmal besser haben als sie, empfangen sie viel zu oft gegenteilige Signale. Unverständnis, Fremdheit, Kopfschütteln, manchmal sogar offene Missbilligung nach dem Motto »Du denkst wohl, du bist was Besseres« führen dazu, dass

Menschen unbewusst immer wieder dafür sorgen, beruflich und finanziell nicht ihr Potenzial auszuschöpfen. Sie
fühlen sich bei jeder Art von finanziellem Erfolg wie Ver-
räter an der eigenen Familie und zeigen mit dem finanziellen Abstieg im Grunde Loyalität zu ihrer Herkunft.
Schlecht »verdauter« Milieuwechsel kann übrigens
auch dann vorliegen, wenn ein Mensch zwar zu Geld und
Ansehen gekommen ist, aber mit dem typischen »Neu-
reichtum« oder mit Angeberei protzt, um die eigene Herkunft aus einem anderen Milieu wie krampfhaft zu ver-
decken. Diese Geldstörung führt zu Sätzen wie »Hast du
was, bist du was« etc. Das immer ein wenig zu laute und
auftrumpfende Gehabe wirkt dann wie der hilflose Ver-
such, Spuren zu verwischen. In Wirklichkeit zeigt es, dass
ein Mensch nicht in der neuen Umgebung angekommen
ist, weil er sie innerlich noch nicht erreicht hat. Das Gefühl, in einem Leben in Wohlstand sicher angekommen
zu sein und dort bleiben zu dürfen, ist noch nicht verinnerlicht.

Missbilligung der eigenen Person

Für manche ist offene oder indirekte Missbilligung ihrer
Person bereits im Kindesalter ein Grund für die Annahme, ein gutes Leben eigentlich nicht verdient zu haben. Es
sind Menschen, die von Vater, Mutter oder Geschwistern
direkt abgewertet, angegriffen oder schwer vernachlässigt wurden. Die Berliner Sozialpädagogin Denise Zöphel, die auf die Arbeit mit Kindern psychisch erkrankter
Menschen spezialisiert ist, ist der Meinung, dass diese
frühen psychischen oder sogar körperlichen Misshand-
lungen zu internen Selbstabwertungsgefühlen führen
können, die in der Folge soziale Schwierigkeiten im Er-

wachsenenalter nach sich ziehen: »Kinder, die früh so behandelt werden, tun sich später sehr schwer damit, für sich selbst und für andere zu sorgen. Sie fühlen sich schnell überfordert und sprechen auf spezielle Förderung nur zögerlich an.«

Eine Klientin, die älteste von fünf Kindern, erinnert sich daran, dass sie immer zurückstecken musste, wenn es nicht genug für alle gab: »Am Anfang bekam ich einfach nichts, wenn nur eine Tafel Schokolade für alle da war. Meine Mutter sagte dann: ›Halt dich zurück, du bist schließlich die Größte und Vernünftigste.‹ Später habe ich gelernt, von mir aus zu verzichten und gleich zu sagen, dass ich eigentlich nichts möchte.«

Schuldgefühle

Schuldgefühle sind ebenfalls häufig der Motor des »Ich habe es nicht verdient«-Musters. Überproportional häufig erlebe ich das bei Menschen, in denen ein tragisches Ereignis oder eine sehr schwierige Situation in der Familie vorliegt: der Tod eines Geschwisterkinds, die Scheidung der Eltern, die psychische Erkrankung eines Elternteils. Oftmals ist es dieser Hintergrund, der begünstigt, dass ein Mensch den Eindruck hat, ein Leben lang »büßen« zu müssen für die schlechten Lebensumstände einer anderen Person. Ich frage meine Klienten deshalb häufig: »Meinen Sie, Sie haben das Recht, glücklicher zu sein als Ihr Vater oder Ihre Mutter?« Häufig werde ich dann zunächst angestarrt, dann folgt ein vielsagendes Kopfschütteln.

Frauen und »Ich habe es nicht verdient«

»Ich habe es nicht verdient« ist meiner Erfahrung nach gerade bei Frauen eine der häufigsten Störungen zum Thema Geld. Wie Forschungsarbeiten aus den USA zeigen, trauen sich Frauen in großem Maße bis heute nicht, ihre Ansprüche klar anzusprechen und durchzusetzen. Das gilt sowohl für Frauen mit einem niedrigen Ausbildungsgrad als auch für Absolventinnen von Topuniversitäten. Sie haben im Laufe ihrer Kindheit gelernt, durch indirekte Strategien wie »lieb sein«, »brav sein« und »süß sein« Männer und Frauen zu Zugeständnissen zu bringen, die jedoch die anderen Menschen und nicht sie selbst bestimmen.

Amerikanische Wissenschaftler haben herausgefunden, dass Frauen bei Bewerbungsgesprächen generell bereit sind, anzunehmen, was man ihnen als Gehalt anbietet. Sie fragen nicht nach einem höheren Gehalt, auch wenn das Angebot weit unter dem Durchschnitt liegt. Männer dagegen ergreifen viel häufiger direkt die Gelegenheit zu verhandeln. Ob es um mehr Geld geht oder darum, einen günstigeren Preis auszuhandeln: Männer erzielen überdurchschnittlich häufig bereits deshalb bessere Ergebnisse, weil sie bereit sind zu verhandeln. Die Untersuchungen in den USA haben ergeben, dass viele Frauen nicht verhandeln, weil sie befürchten, die Beziehung zu dem Menschen, mit dem sie verhandeln, zu gefährden. Sie stellen demnach lieber ihre eigenen Interessen zurück, als auf ihren Gesprächspartner fordernd oder unangenehm zu wirken.

Forderungen auf eine direkte und sehr selbstbewusste Art zu stellen, wird leider von Männern wie Frauen für unweiblich und unattraktiv gehalten. Das ergaben psychologische Experimente, in denen man Studentinnen und Studenten bat, Männer und Frauen in gespielten Verhandlungssituationen »Sympathiepunkte« zu geben. Die Frauen, die wie ihre männlichen Kollegen fordernd und eher aggressiv auftraten, wurden von den weiblichen Zuschauern genauso negativ bewertet wie von den männlichen. Männer dagegen bekamen viele Sympathiepunkte, selbst wenn sie auf sehr dominante Art Forderungen stellten. Es ist deshalb eine besondere Herausforderung als Frau, Interessen jeder Art, also auch finanzielle Interessen, erfolgreich durchzusetzen und gleichzeitig als sympathisch wahrgenommen zu werden. In einem späteren Teil des Buches komme ich auf Strategien zurück, wie Frauen selbstbewusst und gleichzeitig erfolgreich Ansprüche durchsetzen können.

Angeberei und Kriminalität

Eine Sonderform des »Ich habe es nicht verdient«-Musters findet sich eher bei Männern als bei Frauen: Angeberei, Protzerei, Kriminalität. Ich nehme an, das liegt daran, dass Männer eher als Frauen zu Dominanzgesten neigen, um sich zu behaupten. Während bei Frauen Schwäche gesellschaftlich eher geduldet ist, ist sie bei Männern immer noch verpönt – besonders in sozialen Schichten, die stark von einer männlichen Kultur geprägt sind. Geld bedeutet für diese Männer nicht Vermögen oder Wohlstand, sondern Konsum und der wiederum verspricht Statussymbole, die in der Gruppe und gegen die Außenwelt Achtung und Sicherheit versprechen. Kriminelle »Reiche« oder Angeber haben meist auch den dritten Satz »Die Welt ist schlecht« verinnerlicht und zeigen das in einer ständigen Aggressions- und

Verteidigungsbereitschaft, auch wenn sie niemand angreift. Auch wenn es paradox klingt: Wer Wohlstand oder Konsumgüter auffällig zur Schau stellt, hat sehr häufig mit dem »Ich habe es nicht verdient«-Muster zu kämpfen.

Wo erkennen Sie sich selbst oder ein typisches Denk- oder Verhaltensmuster einer Ihnen nahestehenden Person im Muster »Ich habe es nicht verdient« wieder? Woher könnte es Ihrer Ansicht nach stammen? Wenn Sie es kennen – gibt es auch Situationen, in denen Sie sich nicht danach verhalten? Was glauben Sie, im Leben verdient zu haben? Wo ist Ihr Platz? Wie viel Glück darf es für Sie sein? Und welche Auswirkungen hat das auf Ihre Finanzen?

»Ich bin nicht gut genug«

Das Muster »Ich bin nicht gut genug« kommt wie das vorherige Muster in verschiedenen Ausprägungen vor. Das Grundmuster zeigt, dass man glaubt, etwas nicht zu schaffen, zu schwach zu sein oder einfach nicht die Fähigkeiten zu besitzen, zu Geld und Wohlstand zu kommen. Sie erkennen es an Sätzen oder Gedanken wie:

- Das schaffe ich nie, oder: Wie soll ich das denn schaffen?
- Ich bin einfach nicht gut genug.
- Ich kann mich nicht verkaufen.
- Ich bin viel zu blöd, dumm, faul, unfähig, schlecht ...
- Ich bin dazu viel zu ungeschickt, tollpatschig (oft kom-

biniert mit tatsächlich häufigen Missgeschicken, Pannen etc.).

- Ich kann einfach nicht mit Geld umgehen.
- Andere können das – aber ich?
- Ich bin eigentlich gar nicht richtig lebenstüchtig.
- Ich bin immer zu spät dran, verschlafe jede Gelegenheit.
- Dazu habe ich gar nicht die Kompetenz.
- Ich bin dazu viel zu ungebildet.
- Ich bin unfähig.
- Eigentlich bin ich eine Versagerin/ein Versager.
- Nur Perfektion zählt.
- »Ach, doch nicht dafür«, wenn jemand sich für eine Leistung bedankt oder erkenntlich zeigen will.
- Mein Name ist Hase, ich weiß von nichts (notorische Uninformiertheit und Naivität über berufliche und finanzielle Grundkenntnisse)
- Das klappt doch nie! Andere haben vielleicht das Glück, aber *ich*?
- Das Leben ist ein Kampf, nur der Stärkere überlebt – und ich bin schwach.

Besondere Spielarten des »Ich bin nicht gut genug«-Musters sind:

- Eigentlich bin ich zu ehrlich, zu gut für diese Welt (kann je nach Kombination auch aus »Die Welt ist schlecht« kommen).
- Eines Tages lande ich den großen Coup (zum Beispiel an der Börse) und zeige es allen.
- Man muss andere ausschmieren, um zu etwas zu kommen.
- Erfolg ist reine Glückssache.

Typische Verhaltensweisen sind:

- Schwierigkeiten in Verhandlungen, in denen es um Geld geht;
- bewusst herbeigeführte Leistungsschwächen oder übertriebene Leistungsbereitschaft bis hin zum Burnout;
- Schwierigkeiten, mit Veränderung umzugehen;
- schlecht über sich reden, Erfolge kleinreden, die eigene Leistung herunterspielen;
- Schwierigkeiten, mit Lob und Dank umzugehen, weil man die eigene Leistung für unwert hält. (Im Gegensatz zum gleichen Verhalten, das aus »Ich habe es nicht verdient« gespeist wird: Dort hält man sich selbst nicht für würdig.)

»Ich kann mich nicht verkaufen« – Den Wert der eigenen Arbeit verkennen

Sabine Renner kommt mit einer Mappe voller beeindruckender Entwürfe zu mir ins Coaching. Sie ist von Beruf Produktdesignerin, spricht ruhig über ihre Werke und erklärt mir kompetent und geduldig alle Hintergründe und Querbezüge. »Sie machen tolle Sachen«, sage ich, »was ist das Thema, worum geht es in unserem Coaching?«

Sie sieht mich mit offenem Mund an, als ob sie die Frage erschreckt hätte. Dann sagt sie nach einer Pause: »Ganz einfach. Ich kann mich nicht verkaufen.«

»Was meinen Sie damit? Sie haben sich eben prima verkauft, als Sie mir Ihre Arbeit gezeigt haben«, hake ich nach.

»Ja, aber sobald es um Geld geht, setzt es aus. Ich mache alle diese Zeichnungen, bekomme jede Menge gutes Feedback, aber am Ende wird kein Auftrag daraus. Und wenn einer kommt, dann für lächerlich wenig Geld.«

Sabine Renner ist, als wir uns treffen, selbstständig und permanent am Rande der Insolvenz. Nach ihrem Designstudium ist sie trotz exzellenter Noten nicht etwa zu einer renommierten Firma gegangen. Sie hatte stattdessen das erstbeste Angebot einer kleinen Designerbude angenommen, in der sie zu allem Überfluss vom Kaffeekochen bis zum Ausräumen der Spülmaschine für alles Mögliche zuständig war, schlecht verdiente und im großen Stil unbezahlte Überstunden schob.

»Warum sind Sie nicht zu einer großen Firma gegangen?«, frage ich nach, um herauszufinden, inwieweit das »Ich habe es nicht verdient«-Muster vielleicht doch der eigentliche Hintergrund sein könnte.

Aber sie antwortet: »Die hätten mich doch nie genommen.« Danach legt sie sich mächtig ins Zeug, mich davon zu überzeugen, dass sie diese und jene Schwächen habe und deshalb lange nicht gut genug für die großen Adressen sei.

»Sie können sich sehr wohl verkaufen«, melde ich ihr zurück. Sie ist erstaunt.

»Sie haben mir gerade perfekt verkauft, warum man Sie unbedingt ablehnen muss. Sie sind die perfekte Anwältin der Gegenseite.«

Sie lacht. Das Eis ist gebrochen. Uns beiden ist klar: Es liegt nicht an fehlenden Verkaufsfähigkeiten, sondern an ihrem Blick auf sich selbst, an einer Neigung zu bohrender Selbstkritik, einem permanenten Gefühl des »Nie genug«, des Nichtgenügens und der Unfähigkeit. Obwohl sie mit Blick auf ihr Werk sehr wohl einschätzen kann, wie gut es ist, macht sie sich und alles, was sie je gemacht hat, auf sehr subtile Art herunter, wenn es darum geht, ein gutes Wort für sich einzulegen oder sich schlicht und einfach durchzusetzen.

In mehreren Sitzungen arbeiten wir nach und nach heraus, wie sie es genau anstellt, bei einem »drohenden« Auftrag Informationen zu vermitteln, die Unsicherheit bei ihrem möglichen Kunden schüren und das Vertrauen in ihre Arbeit systematisch untergraben. Selbst wenn sie einen Auftrag trotz aller Gegenanstrengungen erhalten hatte, sorgte sie bisher durch scheinbar zufällige Pannen und Missgeschicke, »aus Versehen« nicht gestellte Wecker, »vergessene« Telefonate etc. dafür, dass der Auftrag zu einem Desaster mit Nachbesserungspflicht wurde, obwohl sie letztendlich mehr leistete, als vom Honorar abgedeckt war.

Den ersten großen Durchbruch erlebt Sabine Renner, als sie erkennt: »Es stimmt nicht, dass ich keine gute Designerin bin. Ich kann sehr wohl hervorragend entwerfen. Aber ich habe im Moment noch das Gefühl, kein Geld und damit keinen Erfolg haben zu können.«

Geld oder Erfolg?

Sabine Renner spricht damit einen zentralen Punkt an. Was kommt zuerst – Erfolg oder Geld? Vielleicht haben wir es hier mit einem typischen Henne-Ei-Problem zu tun. Wer glaubt, mit dem, was er tut, keinen Erfolg haben zu können, wird damit auch nicht zu Geld kommen. Wer aber denkt, mit seinem Tun zwar Erfolg haben, aber kein Geld verdienen zu können, endet oft als Helfer oder als »Perle«, das heißt, als nach dem eigentlichen Preis-

Leistungs-Verhältnis unterbezahlte Spitzenkraft mit hoher Neigung sich in den Burn-out zu arbeiten.

Nur so viel sei vorweggenommen, bevor wir uns später mit konkreten Lösungen beschäftigen: Geld, zum Beispiel in Form eines hohen Gehalts oder Honorars, schafft, wenn auch nicht immer, so doch meist einen Rahmen an Respekt, der Schutz gibt vor ständiger Überforderung und Ausbeutung. Wessen Arbeitszeit teuer ist, der wird nicht mit jedem Problemchen oder unliebsamen Arbeiten belästigt. Die berühmten Ausnahmen sind Ärzte, soweit sie gut verdienen, und Unternehmensberater oder andere Selbstständige mit übersteigertem Leistungsverständnis (»Ich habe es nur verdient, wenn ich perfekt bin«) und heroischer Selbstausbeute-Moral. Dieses Phänomen gehört aber eher in den Kreis »Ich habe es nicht verdient«, weil zwar Geld verdient wird, aber um den Preis der körperlichen und psychischen Selbstschädigung – ein ziemlich untrügliches Zeichen für ein angeschlagenes Selbstwertgefühl.

Sabine Renner ging als Angestellte und als Selbstständige den Weg der »Perle«: schlechtes Gehalt, schlechte Behandlung – später schlechte Kunden und niedrige Honorare.

Ich berechne mit ihr angemessene Honorare, die ihre Leistung, ihren Aufwand und ihre außergewöhnliche Begabung berücksichtigen. Gerade beim letzten Punkt hält Sabine Renner die Luft an und meint: »Aber warum soll denn jemand für meine Begabung zahlen wollen, das ist doch gar nicht greifbar?«

»Genau das ist der Punkt«, sage ich zu ihr, »wenn Sie es richtig machen, verkaufen Sie nicht nur Ihre aktuelle Leistung, sondern auch Ihr Potenzial. Dazu gehört Ihre ganze Persönlichkeit, die Art, wie Sie arbeiten, Ihr Ethos,

Ihr hoher Qualitätsanspruch, der Spaß, den man in der Zusammenarbeit mit Ihnen hat.«

Wir schätzen daraufhin gemeinsam ihr finanzielles Potenzial, das ihr »Human Capital« als ganzheitliche Investitionsgröße erfasst und sich für Kunden oder mögliche Chefs im Honorar oder Gehalt niederschlagen muss.

»Und wer soll das bezahlen?«, fragt sie, nachdem wir eine stattliche, ihren Fähigkeiten und den Marktpreisen jedoch vollkommen angemessene Summe errechnet haben.

»Die Kunden, die Ihre Arbeit wertschätzen können. Das meine ich im doppelten Sinne. Diejenigen, die sowohl in der Lage sind, Ihre Qualität einzuschätzen, als auch selbst so erfolgreich sind, dass sie sich Ihre Entwürfe leisten können. Denn auch Ihre Kunden müssen sagen: ›Wir sind gut genug. Wir können uns die Renner leisten.‹«

Unsere Arbeit führt Sabine Renner nicht nur zu einem neuen Blick auf sich selbst, sondern zu einer gänzlich neuen strategischen Geschäftsausrichtung.

Nach gut einem Jahr ruft sie mich an und ihr Strahlen ist gleichsam durchs Telefon zu hören: »Die Arbeit macht jetzt viel mehr Spaß. Endlich habe ich die richtigen Kunden, die meine Art und meine Arbeit zu schätzen wissen – ich bin viel selbstbewusster und mache keine Fehler mehr!«

»Und was ist mit den Finanzen?«, frage ich.

»Die machen jetzt auch Spaß!«, lacht sie.

Die Angst, andere zu belügen und zu blenden

Das »Ich bin nicht gut genug«-Muster kann, wie wir am Beispiel von Sabine Renner sehen, mehrere Seiten betreffen. Manchmal bedeutet es, dass ein Mensch sich selbst nichts zutraut. Er oder sie ist überzeugt davon, fachlich und persönlich den Anforderungen an ein finanziell erfolgreiches Leben nicht zu genügen. Die Person ist der festen Meinung, dass die eigenen Fähigkeiten nicht ausreichen und es auch der Mühe nicht lohnt, diese Fähigkeiten zu entwickeln, weil sowieso »Hopfen und Malz verloren« sind. Sehr häufig ziehen diese Menschen nicht nur die eigenen Kompetenzen auf fachlichem Gebiet in Zweifel, sondern auch die Fähigkeit, sich selbst positiv darzustellen. Im übertragenen wie im buchstäblichen Sinne heißt das, man traut sich nicht zu, »sich selbst zu verkaufen«. Oft verbirgt sich hinter der Angst, sich nicht verkaufen zu können, die Angst, als Blender oder Lügnerin entlarvt zu werden.

Die Folgen des Musters »Ich bin nicht gut genug, weil ich mich zum Beispiel nicht verkaufen kann« sind zum Teil unterdurchschnittliche Gehälter, oftmals gekoppelt mit schlechten Arbeitsbedingungen. Bei Selbstständigen findet man Honorare, die weit unter einer vernünftigen Kostenrechnung liegen und dem kundigen Käufer nahelegen, der Anbieter habe entweder ein Problem mit sich selbst oder biete eine dürftige Leistung an.

»Ich bin nicht gut genug« im Verkauf

In meiner Arbeit in Unternehmen erlebe ich das Muster »Ich bin nicht gut genug – ich kann mich nicht verkaufen« häufig bei Mitarbeitern, deren Leistung nicht den

Erwartungen des Unternehmens entspricht oder die neu in den Verkauf eingearbeitet werden sollen. Ich höre von diesen Mitarbeitern oft Sätze wie diese: »Ich will meine Kunden gut beraten und ihnen nichts aufschwatzen«, oder: »Ich biedere mich doch nicht an!« Meine klare Antwort darauf ist: Wenn Sie nicht hinter den Produkten und Leistungen Ihres Arbeitgebers stehen, sollten Sie die Firma wechseln. Ich meine das ernst und nicht provokativ oder zynisch. Es ist ein Gebot der Selbstachtung, nur das zu verkaufen, was man wirklich wertschätzt. Wenn Sie aber hinter diesen Angeboten stehen, sollten Sie lernen, auch hinter sich selbst und hinter Ihrem Erfolg zu stehen.

Spreche ich dagegen mit sehr erfolgreichen Verkäufern, höre ich oft, sie würden einen guten Abschluss wie einen persönlichen Sieg erleben.

Der Umkehrschluss liegt auf der Hand: Viele Menschen, die ungern verkaufen, möchten nicht in den Wettbewerb gehen, möchten nicht »siegen«. Auch wenn wir heute wissen, dass sehr guter Verkauf immer eine Win-win-Situation ist, in der beide, Kunde und Verkäufer, etwas gewonnen haben, lohnt es sich meiner Meinung nach, darüber nachzudenken, was es heißt, nicht gewinnen zu wollen und einen Sieg für sich selbst abzulehnen. Ist da wirklich nur Großmut oder ein selbstbewusstes »Ich steh da drüber« im Spiel? Ich glaube nicht.

Hintergründe für »Verkaufsschwächen«

Ich glaube, dass Menschen, die nicht gewinnen wollen, allzu oft in ihrem Leben verloren haben. Deshalb meinen sie, nicht gut genug zu sein. Das ist einer der wesentlichen Hintergründe für Verkaufsschwächen, egal, ob man sich selbst, eine Leistung oder ein Produkt verkaufen muss. Diese Menschen wollen keine Siege riskieren, weil sie den Geschmack der Niederlage nur allzu gut kennen. Sie haben Angst, ihr Gesicht zu verlieren oder beim nächsten Mal endgültig vernichtet zu werden. Sie waren früher oft Wettbewerben in oder außerhalb der Familie ausgesetzt und haben die Rolle des Verlierers eingenommen. Sie wissen, wie es ist, der »Outcast« zu sein, und möchten als Erwachsene unbedingt vermeiden, wieder in diese Rolle zu kommen. Ein Mangel an den Grundbedürfnissen Sicherheit und Anerkennung führt sie auf einen Weg, der ihnen immer mehr Erfahrungen der gleichen Art beschert. Damit ist aber Erfolglosigkeit vorprogrammiert und führt diese Menschen doch wieder ins Außenseitertum. Manchmal handelt es sich hier auch um Menschen, die nahestehende Menschen immer wieder beim Verlieren erlebt haben und deshalb nie ein Risiko eingehen wollten. Es muss also nicht unbedingt die Erfahrung am eigenen Leib sein, die so ein Muster prägt.

Während die einen aus Niederlagen lernen, wie sie in Zukunft gewinnen können, stecken die anderen auf und vermeiden jede Situation, in der es »um die Wurst« geht. Schade. Denn so eine »Wurst« zu bekommen, stärkt das Selbstbewusstsein ungemein und ist darüber hinaus gut für die eigene Geldbörse.

Ein anderer Hintergrund für Verkaufsschwäche ist, früh gelernt zu haben, dass man nicht kämpfen darf. In sehr autoritären Familien herrscht eine Stimmung, in der jede Art von Widerrede oder Individualität, jede Art, eigene Bedürfnisse anzumelden, mit Härte, Ausgrenzung und Gewalt beantwortet wird. Verkäufer mit diesem Hintergrund landen oft in autoritär strukturierten Unternehmen, in denen sie zwar permanent unter Druck gesetzt werden und sich damit eigentlich heimisch fühlen, aber gleichzeitig in das alte Gefühl von Hilflosigkeit und Zwang zur Erfolglosigkeit aus Kindertagen zurückversetzt werden.

Eine Sonderform dieses Nicht-kämpfen-Dürfens sind die Aufforderungen an Mädchen und junge Frauen, sich doch bitte »weiblich« zu verhalten und darauf zu verzichten, zu kämpfen oder eigene Interessen offen durchzusetzen. Wir haben dieses Thema bereits im »Ich habe es nicht verdient«-Muster gesehen, es hat aber auch im »Ich bin nicht gut genug«-Muster seinen Platz. Denn wer früh gelernt hat, dass Kämpfen, sich Durchsetzen und für sich Eintreten unerwünscht sind, kann es eines Tages wirklich nicht oder traut es sich nicht mehr zu. Vertreterinnen dieser Sonderform sind zwar manchmal sehr erfolgreich, wenn es darum geht, sich indirekt zu verkaufen, also gut zu wirken, nett rüberzukommen und Menschen dazu zu bewegen, ihnen zu helfen und vielleicht sogar ihnen zum Gefallen etwas abzukaufen. Sobald es aber bedeuten würde, die eigene Person oder Position auch gegen Widerstände durchzusetzen, werden sie schwach und geben auf.

Ich glaube, dass die Erfahrung häufiger Niederlagen und das Gefühl, gar nicht kämpfen zu dürfen, eine der Hauptursachen für das außergewöhnlich hohe Sicherheitsbedürfnis vieler Menschen ist. Sie sind eher bereit, auf Geld, Status und Erfolg zu verzichten und sich niederdrückenden Arbeitsbedingungen zu unterwerfen, als einmal etwas zu riskieren. Sie bleiben lieber ihr Leben lang klein, als einen Tag groß zu sein und befürchten zu müssen, dass es ihr »letzter« ist. Diese Angst muss man verstehen und zu fassen bekommen, um das Übel an der

Wurzel zu packen. Es geht nämlich nicht darum, dass Menschen nicht groß oder erfolgreich sein wollen, sondern dass sie befürchten, es psychisch oder buchstäblich mit dem Leben oder jeglicher Liebe bezahlen zu müssen, wenn sie es einmal wären. Ich bin deshalb immer hellhörig, wenn ich von Menschen Beteuerungen höre wie »Ach, ich habe einfach keinen Ehrgeiz«, »Es ist mir doch egal, wie viel Geld ich habe«, »Das letzte Hemd hat keine Taschen« und dergleichen mehr. Bisher habe ich mich mit meiner Hypothese nicht getäuscht, dass sich hinter dieser Art von Bescheidenheit oder Erfolgsarroganz die Angst verbirgt, es nicht schaffen zu können oder schaffen zu dürfen.

Die dritte Vermutung über die Hintergründe von Verkaufsschwächen ist, dass ein Mensch nie gelernt hat, für seine Interessen einzutreten, weil er von überbehütenden Menschen in seiner Umgebung nie vor diese Herausforderung gestellt wurde. Diese Ursache finde ich häufiger bei jungen Leuten, die zum Beispiel mit einer Gehaltsverhandlung in einem Bewerbungsverfahren vollkommen überfordert sind, weil sie bisher (fast) nicht im Wettbewerb standen und noch nichts ernsthaft für sich einfordern mussten. Eine Verarmung der persönlichen Erfahrungen in der Pubertät vor dem Fernseher oder Computer hat dazu geführt, dass sie nicht gelernt haben, sich zu behaupten und einen Platz zu erobern, auf den sie stolz sind und zu dem sie sich durch eigene Leistung zugehörig fühlen. Eltern, die keine oder zu geringe Grenzen gesetzt haben, lehren einen jungen Menschen, dass er sich nicht anstrengen muss und es wie ein natürliches Lebensrecht ist, alles zu bekommen, was man möchte. Das »Ringen« mit einem anderen Menschen ist ihm völlig fremd, weil er in falsch verstandener Liebe davor bewahrt wurde. In der

Erwachsenenwelt, in der wir an vielen Stellen unsere Interessen anmelden und durchsetzen müssen, führt das zu einer geradezu traumatisch erfahrenen Irritation: Warum bekomme ich nicht von selbst, was ich will?

Ich habe Klienten kennengelernt, die ihre selbst so empfundene Lebensuntüchtigkeit auf überbehütende Eltern zurückführen konnten. Wenn das Gegenüber nicht sofort nachgibt, sind sie irritiert, beleidigt, und geben viel zu früh auf. In diesem Fall übernehmen sie das »Ich bin nicht gut genug«-Muster. Alternativ beschweren sie sich über die ungünstigen Umstände, Pech und die »blöden« Leute, die es anders wollen als sie selbst, und folgen damit dem »Die Welt ist schlecht«-Muster. Paradoxerweise, aber eigentlich auch sehr nachvollziehbar, sind die Eltern dieser Menschen häufig Opfer der beiden erstgenannten Kindheitserfahrungen: zu viele Niederlagen, zu viel Autorität und der dringende Wunsch, es bei den eigenen Kindern besser zu machen. Diese haben dann – es ist fatal – die gleichen Schwierigkeiten mit Erfolg und Geld wie sie selbst.

Das Leben als Kampf ums Überleben

Die oben genannten Ausprägungen und Ursachen von »Ich kann mich nicht verkaufen« können aber auch zum Gegenteil führen: zu Menschen, die das Leben als eine permanente Verkaufsveranstaltung betrachten. Sie sind geradezu hungrig nach Siegen, nach Wettkämpfen und nach Gelegenheiten, sich zu beweisen. Immer wieder müssen sie zeigen, dass sie es »können«, dass sie gut sind. Oft sind solche Menschen beruflich sehr erfolgreich und verdienen viel Geld. Dennoch fühlen sie sich, weil die Ursachen die gleichen sind wie bei den schlechten Verkäufern, wie Getriebene, die niemals zur Ruhe kommen und jeden Tag kämpfen müssen. Es ist, als ob sie täglich um ihr Überleben kämpfen müssten. In panischer Angst vor Niederlagen entwickeln sie eine Dynamik, Härte und Dominanz, die ihre Umwelt irritiert und einschüchtert. In Verkaufsgesprächen die Verbindlichkeit und Freundlichkeit selbst, werden sie innerhalb ihrer Abteilung manchmal zu wahren Tyrannen, die nicht mehr wiederzuerkennen sind. Ich habe in meinen Coachings oft mit ihnen selbst oder ihren Mitarbeitern zu tun.

Auch wenn das Konto solcher Menschen meist gut gefüllt ist, gehören sie trotzdem zu denjenigen, die ein schlechtes Verhältnis zu Geld haben. Denn das Geld gibt ihnen keinen Deut mehr Sicherheit oder Lebensqualität. Der Kampf um Erfolg ist zum Selbstläufer geworden, es gibt für sie kein Ausruhen und keinen Genuss. Burn-out und zerstörte Familien sind der Preis, den sie häufig zahlen müssen, und in der Folge solcher Ereignisse schmelzen auch die Geldreserven für Krankheitszeiten, Scheidungen und Unterhaltszahlungen dahin.

Ich habe manche Manager, die zu mir in die Beratung kamen, mit dem Satz »Die beste Geldanlage ist eine gute Ehe« zunächst verblüfft. Aber sie sahen schnell, worauf ich hinauswollte. Ich habe Klienten erlebt, die jeden Cent dreimal umdrehten und ein Muster an Leistungsbereitschaft und Sparsamkeit waren. Täglich arbeiteten sie bis an ihre Grenzen und kümmerten sich sorgsam um ihr Geld. Dennoch verloren sie zwei- oder sogar dreimal in ihrem Leben mit einem Schlag die Hälfte ihres Vermögens. Nicht an der Börse, sondern an ihre Exgattinnen. Es fiel ihnen manchmal schwer, einen Zusammenhang zwischen ihren ernsthaften persönlichen Problemen und ihrem Vermögen zu sehen: Wer ständig kämpft und sich beweisen muss, erntet im besten Fall Respekt, aber keine Liebe. Das, wonach man sich am meisten sehnt – Sicherheit, Liebe, Anerkennung, – entschwindet wie eine Fata Morgana, je mehr man danach greift.

Oft habe ich darüber nachgedacht, warum einige dieser Manager selbst nach der zweiten Scheidung bei der dritten Ehefrau noch keinen Ehevertrag geschlossen hatten. Ich glaube nicht, dass es nur die Blindheit der Frischverliebten war. Ich glaube, dass sich ihre Beziehungsschwierigkeiten auch auf das Geld bezogen. Sie hatten nicht gelernt, einen sorgsamen Umgang mit sich, ihren Familien und ihrem Vermögen zu finden, das letztendlich nicht mehr und nicht weniger der Beweis dafür war, dass sie ihr Leben lang überlebten, aber Schwierigkeiten hatten, einfach nur in Ruhe und Geborgenheit zu leben. Nicht immer ist für die Änderung dieses Musters professionelle Hilfe nötig, zum Beispiel in Form einer Therapie. Manchmal genügt es, sich der Dynamik bewusst zu werden und sie mit gezielten Verhaltensänderungen und neuen Strategien in den Griff zu bekommen.

Wahrer und falscher Reichtum

Das Beispiel der Manager, die ihr Vermögen mehrmals im Leben durch Scheidungen halbierten, hat mich auf eine wichtige Hypothese gebracht, die sich in meinen Beratungen und Recherchen immer wieder bestätigt: So wie es eine wahre und eine falsche Liebe gibt, so gibt es auch wahren und falschen Reichtum.

Falscher Reichtum beruht auf Kompensationen persönlicher Probleme. Das Gefühl, nichts wert zu sein oder nichts zu können, führt zu einer Überaktivität, die von außen betrachtet geradezu krankhaft wirkt und es in den Grundfesten vielleicht sogar ist. Das Geld und der Wohlstand sind Folge einer neurotischen Arbeits- und »Ich muss mich unbedingt durchsetzen«-Wut und nicht das Ergebnis stimmiger, selbst gewählter und erarbeiteter Leistungen. Geld und Wohlstand haben eigentlich nichts mit der echten Persönlichkeit dieses Menschen zu tun, sondern in erster Linie mit seinen Mangelerfahrungen. Viele sehr erfolgreiche Menschen wundern sich, warum aus den Kindern so vieler Erfolgreicher »nichts wird«. Ich würde hier danach fragen, ob ein Störungsmuster beim Geldverdienen vorliegt und ob dieses Muster dazu führte, dass sich ein Vater oder eine Mutter selbst gegen die eigenen Kinder wandte.

Victor Baumgartner war der Sohn eines solchen Mannes. Dieser war sehr erfolgreich und in seinem Beruf mehrfach preisgekrönt. Obwohl der Sohn sehr gute Schul- und Studienabschlüsse vorweisen konnte, wollte ihm beruflich nichts richtig gelingen. Mitte 30 kam er zu mir in die Beratung und offenbarte nach einigen gezielten Fragen: »Ich glaube, dass ich eigentlich nichts richtig kann. Ich habe das Gefühl, ein elender Blender zu sein.«

Über seinen Vater sprach er nur in den allerhöchsten Tönen. Als ob er sich selbst davon überzeugen müsste, versicherte er seinen Stolz und erzählte mir in der Stunde, die eigentlich für ihn reserviert war, die Erfolgsgeschichte seines Vaters. Als ich ihn darauf hinwies, verstummte er zunächst.

»Es stimmt«, sagte er dann, »ich erzähle immer nur von den Erfolgen meines Vaters. Ich dachte eigentlich, das läge daran, dass ich eben nichts von irgendwelchen Erfolgen in meinem Leben erzählen und deshalb nur auf ihn stolz sein könnte.«

Victor Baumgartner lernte im Lauf unserer Arbeit, dass es vielleicht genau umgekehrt war. Wer von Kindesbeinen an zu Verehrung, Bewunderung und Angst vor dem arbeitssüchtigen Vater erzogen wird, hat keinen Platz für eigene Erfolge.

»Im Stillen glaube ich, dass er Erfolge von meiner Seite gar nicht akzeptieren würde«, meinte er, und ich denke, er lag damit richtig. Auf genauere Nachfragen hin kam Victor Baumgartner darauf, dass es tatsächlich immer wieder zu Irritationen und Ärger kam, wenn er Erfolge zu berichten hatte.

»Entweder es reichte dann nicht und war einfach nicht gut genug oder es wurde überhört. Ich habe ihn nach meinem 1,0-Diplom angerufen und er hat nur ›schön‹ gesagt und aufgelegt. Wie oft aber mussten meine Schwester und ich uns seine Geschichte von seinem glänzenden Examen anhören. Zu meinem Examen hat er nicht einmal eine einzige Frage gestellt!«

Victor Baumgartner entschloss sich, im Coaching, das wir ganz auf seine berufliche und finanzielle Entwicklung konzentrierten, sein schwieriges Verhältnis zu seinem Vater produktiv zu nutzen. Wir nahmen alle Hinweise, die in diese Richtung gingen, auf, reflektierten sie und bauten sie in eine erfolgreiche neue Geldstrategie ein. Wir übernahmen den Teil der Fähigkeiten und Glaubenssätze, die er von seinem Vater übernommen hatte und die seinen Erfolg unterstützten, und tilgten die, die zum permanenten Kampf des Vaters gegen den Sohn geführt hatten.

Geld hat etwas mit uns als Person zu tun

Andrea Schuchart kam als reiche Erbin in meine Beratung. Sie hatte von einem entfernten Verwandten, der kinderlos verstorben war, mehrere Millionen Euro geerbt. Bis zu dem Tag, an dem ihr das Testament eröffnet worden war, lebte sie als Grundschullehrerin in einem Dorf und war mit ihrem Leben recht zufrieden. Als das große Geld kam, geriet sie in einen regelrechten Schockzustand. Zunächst war sie von der Summe überwältigt. Dann fragte sie sich wie ein gehetztes Tier: »Was soll ich mit dem ganzen Geld nur anfangen?« Die Vielzahl von Möglichkeiten, die sich plötzlich auftaten, war für sie keine Befreiung, sondern schien sie zu erdrücken. Sie fühlte sich unter Druck, »mehr« aus ihrem Leben zu machen, obwohl sie bisher zufrieden gewesen war. Mögliche Weltreisen, das Traumhaus, eine neue berufliche Karriere oder ein Frührentnerdasein, teure Kleider etc. verwirrten sie so sehr, dass sie ernsthafte Probleme bekam. Sie litt unter Schwindelanfällen, Migräne, Schlafstörungen. Sie hatte das Gefühl, ein »ganz tolles Leben« führen zu müssen, ohne zu wissen, was das eigentlich sein sollte, dieses »ganz tolle Leben«.

Wir erarbeiteten Schritt für Schritt ihre eigene »Lebenslandkarte«. Darin verzeichneten wir, was ihr bisher im Leben wichtig war, was sie glücklich gemacht hatte, welche berufliche Identität sie hatte. Wir verzeichneten aber auch die Stellen, an denen ihr noch etwas fehlte. Sie wollte beispielsweise mehr für die Umwelt tun. Es lag ihr am Herzen, ihre Nichte dabei zu unterstützen, ein Studium zu finanzieren. Ich ermunterte sie, sich auch mit den Themen »Lebensqualität« und »Genuss« zu beschäftigen. Wir kamen auf diese Weise nach und nach auf einige Anschaffungen, die ihr wirklich Glanz in die Augen zauberten. Aber es stellte sich heraus, dass sie zum Beispiel ihren Beruf nicht aufgeben, ihr Haus zunächst weiter bewohnen wollte und auch keine größeren Reisen plante.

Als wir diesen Grundbedarf an Eigenausgaben und Unterstützung für andere erarbeitet hatten, war sie so weit, sich intensiv und mit einem guten Gefühl mit der Summe zu beschäftigen, die sie geerbt hatte. Sie begann sich in Finanzfragen einzulesen, rechnete sich aus, wie hoch ihre monatlichen Zinsen wären, wenn sie das Geld vorsichtig anlegen würde. Zusammen mit einem Finanzberater erarbeitete sie ihre eigene »Anlegerpersönlichkeit« und stellte fest, dass sie eher konservativ veranlagt war und gleichzeitig gerne in Umweltanlagen investieren wollte. Auf diese Weise strukturierte sie dann das Vermögen um und drückte ihm damit ihren eigenen Stempel auf.

Heute lebt Andrea Schuchart immer noch in demselben Ort, leistet sich mehr Luxus, führt aber ein insgesamt zurückgezogenes, zufriedenes Leben als Lehrerin und Förderin begabter Studentinnen. Sie hat sich das Vermögen angeeignet, hat es ihrem Potenzial angepasst und sich selbst weiterentwickelt.

Vielen Erben großer Vermögen in dritter und vierter Generation gelingt das nicht. Ob es sich um Erben großer Hoteldynastien, bekannter Popstars, berühmter Schriftsteller oder die Nachfahren von Reedern und Politikerdynastien handelt – manchmal zeigen die Erben nicht nur beruflich und charakterlich ein zweifelhaftes Niveau, sondern gar Abgründe massiver Persönlichkeitsstörungen vor allem im Suchtbereich.

Der Volksmund sagt angesichts der Eskapaden reicher Menschen dann: »Da sieht man ja, dass Geld nicht glücklich macht«, vergisst aber, dass es sich hierbei meist um von anderen und nicht von diesen Menschen selbst erarbeitetes Geld handelt.

Dennoch werden nicht viele von uns in die Verlegenheit kommen, zu schnell zu Reichtum zu kommen. Das Muster »Ich bin nicht gut genug« kommt daher, dass ein Mensch nicht daran glaubt, aus eigener Kraft etwas zu können oder zu schaffen, das ihm dauerhaften Wohlstand und Erfolg bringen könnte.

Sehen wir uns noch zwei besondere Extremformen dieses Musters an. Ich überzeichne sie bewusst, damit der Kern des Musters noch deutlicher zutage tritt.

Die weibliche Form: Das Naivchen

»Ach, ich kann das nicht« und »Kannst du mir helfen?« sind häufig benutzte Sätze von Frauen, die sich gerne versorgen lassen. Die Vertreterin des »Naivchens« wirkt ein wenig wie aus dem Nest gefallen und hat einen unwiderstehlichen Augenaufschlag. Bei Männern löst sie sofort das aus, was man »Beschützerinstinkt« nennt. Sie lässt sich gerne helfen und behauptet fast schon stolz, sich »mit Geld gar nicht auszukennen«. Meistens kennt sie sich auch nicht damit aus, wie man Geld verdient, und überlässt das lieber anderen.

Über Jahrhunderte wurde dieses bedürftig-abhängige Gebaren bei adeligen und bürgerlichen Frauen als attraktiv eingestuft. Heute wirkt es so, als ob da jemand aus der Zeit gefallen wäre und wie das Sterntalermädchen allein und verlassen der großen Welt ausgesetzt wäre. Bei den einen erregt diese Art von Naivität Unmut, bei den anderen Helferinstinkte, bei wieder anderen Neid oder Bewunderung: Die hat es ja drauf, sich dumm zu stellen und andere machen zu lassen! Auf sich selbst gestellt hat eine solche Person einen siebten Sinn dafür, wen sie als Nächstes zu Hilfe rufen könnte. Gelingt das nicht und muss sie sich zum Beispiel bei einem ernsthaften Bewerbungsgespräch um ihr Gehalt kümmern, fällt ihr nichts ein. »Ich kann das halt nicht,« ist ihre Antwort, wenn sie von Freundinnen gefragt wird, was jetzt aus dem Job und dem Gehalt geworden sei.

Ohne Zweifel hat unsere Gesellschaft viele solcher Naiven hervorgebracht. Eine Frau wie sie ist diejenige, die sich das Bargeld von ihrem Mann zustecken lässt. Sie ist die Frau, die nicht einmal weiß, wo die Ordner für die Hausfinanzierung sind, geschweige denn, was sie unterschrieben hat, als es um Kreditverträge oder Bürgschaften ging.

Ich freue mich immer besonders, wenn eine Frau, die bisher diesem Muster folgte, den Weg in ein Coaching oder ein Seminar findet. Hinter dem »Heimchen« ist nämlich meistens eine sehr intelligente Frau versteckt, die sich durchaus durchsetzen kann, wenn sie lernt, neue Strategien anzuwenden. Ich habe Frauen erlebt, die sich vom »Ich weiß nicht, wie man mit EC-Karte bezahlt« zum »Ich habe im Moment einen Teil meines Vermögens in Derivate investiert« gemausert haben und sich regelmäßig mit anderen Frauen in Investmentklubs treffen.

Wie bei allen Störungsmustern liegt zwischen dem Problem und der Lösung eine Zeit der persönlichen Entwicklung. Die meisten dieser Frauen mussten sich tatsächlich aus engen, sie bevormundenden Beziehungen lösen und sich selbst beweisen, dass sie es »können«, dass sie überhaupt nicht »blöd« sind und durchaus »mit Geld umgehen können«.

Die männliche Form: Der Zocker

Während die weibliche Übertreibung des Musters mit Sätzen wie »Ich habe gar nichts im Griff« operiert, agiert die männliche Form mit dem anderen Extrem: »Ich habe alles im Griff!« Vor allem Männer weisen eine besondere Spielart des »Ich bin nicht gut genug«-Musters auf: die Neigung zum Spielen, zum Zocken und zum Traum vom »großen Coup«, zum Beispiel an der Börse oder mit der »todsicheren« Investition. Sie träumen davon, es eines Tages »allen zu zeigen«. Zu Vertretern dieser Art gehören auch die bekannten Börsenzocker, die als kleine Angestellte ganze Banken ins Wanken gebracht haben.

Ich behaupte, dass alle drei genannten Neigungen in Wirklichkeit gespeist werden von der tiefen Überzeugung, es aus eigener Kraft und auf seriöse Weise zu nichts oder nur zu sehr wenig bringen zu können. Es handelt sich um die männliche Form des Naivchens: Ich traue mir nichts zu, ich bin ein Blender, ich muss auf Tricks zurückgreifen, um etwas zu erreichen.

Wir werden weiter unten sehen, dass es auch von diesem Muster eine Sonderform gibt, die sich aus dem Glauben speist, dass alle Welt betrügt und man nur dumm ist, wenn man nicht durch List und Tücke zu Reichtum kommt. Dieses Muster stammt dann aber aus der Überzeugung »Die Welt ist schlecht«. »Ich bin nicht gut genug«-Zocker misstrauen aber eher sich selbst als der Welt und meinen, dass es andere mit ihrer Arbeit und guten Anlagestrategien durchaus zu etwas bringen können. Sie brauchen das Extraquäntchen Glück, um auf der Sonnenseite des Lebens zu stehen.

Meist geht das Muster mit einer chronischen Überschätzung der eigenen Voraussagefähigkeiten eines Systems einher. Der Zocker glaubt, das »Spiel«, das gar keines ist, zu durchschauen. Ganze Literaturberge über »Wie schlage ich die Börse?« etc. leben von den geheimen Wünschen und Hoffnungen der Zocker. Egal, was die Finanzwissenschaft mit Nobelpreisen ausgezeichnet herausgefunden hat, der Zocker glaubt, er allein werde einen Weg finden, mit der richtigen Börsenstrategie steinreich zu werden. Ähnlich wie beim Lottospielen wird seine Fantasie angeheizt durch die seltenen Erfolgsstorys, in denen es wirklich einem Anleger gelungen ist, die Börse zu schlagen oder mit der richtigen Kauf- und Verkaufsstrategie reich zu werden.

Was passiert aber in der Realität? Entweder verläuft die Sache glimpflich und der Zocker erreicht mit dem eingesetzten Geld die durchschnittlichen Wachstumsraten – hat dabei aber wertvolle Lebens- und Arbeitszeit vor dem Computer verschwendet, statt sein finanzielles Potenzial auszubauen oder endlich wirklich auszuschöpfen. Das ist noch der geringste Preis. Teurer wird es, wenn er permanent auf der Geld-Nulllinie bleibt und verzockt, was er hineingesteckt hat. Im schlimmsten Fall nimmt er Schulden auf, um weiterzuhandeln. Immer in der Hoffnung auf den großen Coup – oder er landet direkt im Gefängnis, weil er seinen Arbeitgeber oder seine Kunden um ihr Geld gebracht hat.

Was kann ein Zocker lernen? Er kann lernen, seine Spiellust als Ausweichmanöver, Störungsmuster oder schlicht und einfach als teures Hobby oder Zeitverschwendung zu erkennen. Zocken, ob im tatsächlichen Glücksspiel oder an der Börse, ist aus einem Geldcoaching-Blickwinkel eine Störung. Auf lange Sicht – und Geld muss immer auf lange Sicht betrachtet werden, genauso wie ein gesunder Lebensstil – fährt der Zocker besser, wenn er das Geld vernünftig anlegt und einfach »machen« lässt.

Ein Zocker wird jetzt vielleicht einwenden, dass die Superreichen sehr häufig selbst Zocker waren. In seinem Buch hat Martin S. Fridson gezeigt, dass viele der Reichsten notorische Glücksspieler waren und im Grunde diese Sucht, im Spiel zu gewinnen, als Motor ihres Reichtums benutzten.[3]

Dazu sind zwei Dinge zu sagen. Zum einen haben die Superreichen nicht durch das Spiel gewonnen, sondern durch eine Fixierung auf harte Arbeit, knallhartes Geschäftemachen, sehr gute Ideen und einen untrüglichen Geschäftssinn. Das unternehmerische Talent war immer wichtiger als der Spieler in ihnen. Zum anderen sollte sich ein Zocker, der sich auch das Unternehmerische zutraut, darauf konzentrieren und sich gleichzeitig bewusst machen, welchen Preis die Superreichen für ihren Erfolg bezahlt haben und bezahlen: kein Privatleben, oftmals zerrüttete Beziehungen, ein Leben in Feindschaften. Wem die Ehre und das Geld trotzdem wichtiger sind, dem empfehle ich, schleunigst ein Unternehmen zu gründen.

Wer sich aber für den berechenbareren und weniger extremen Weg entscheidet, kann, wie wir später sehen werden, sein finanzielles Potenzial erkennen, verwirklichen und weiter ausdehnen, ohne sein ganzes Leben auf eine Karte zu setzen. Dazu muss sich ein Zocker aber vielleicht unangenehmen Fragen stellen. Fragen wie: Warum glaube ich, es nicht aus eigener Kraft und solide zu etwas zu bringen? Warum glaube ich, ich müsste gewitzter sein als alle anderen, um mich gut zu fühlen? Was fehlt mir eigentlich im Leben? Was traue ich mir zu, wenn ich auf dem Teppich bleibe, und was nicht? Woher aber kommt das alles? Und wie kann ich es verändern?

»Ich bin nicht gut genug, weil es nicht wert ist, es zu können«

Es gibt noch eine weitere Sonderform des Musters »Ich bin nicht gut genug«.

Ich hatte einmal einen hochbegabten Sportler im Coaching. Er war Abfahrtsskiläufer. Trotz sehr guter Trainingsergebnisse holte er im Wettkampf nie einen Sieg. Als ich mit ihm an den Grundmotiven seines Lebens arbeitete, offenbarte sich, dass er den Skisport in Wahrheit nicht mochte, sich für einen mittelmäßigen Fahrer hielt und es deshalb auch gar nicht verdient habe, auf dem Treppchen zu stehen. Es war keine Überraschung, dass er mit dieser Einstellung zu sich und zum Skisport kein Gewinner sein konnte.

Ähnliches hatte ich mit einer Schauspielerin erlebt, einer schönen Frau mit großem Charisma, die sich für eine Blenderin hielt. »Eines Tages werden die Menschen sehen, dass ich eigentlich gar nichts kann«, meinte sie. Ich machte mit ihr Übungen, die ihr persönliches Berufsethos sichtbar machten, und es stellte sich heraus, dass sie die Schauspielerei eigentlich verachtete. »Was ist das schon, auf der Bühne stehen und Texte von fremden Menschen wiederholen. Das hat doch keine Substanz!« Professor, Rechtsanwalt, Arzt – das waren für sie ehrbare Berufe. Ihren eigenen aber verachtete sie. Kein Wunder, dass sie nicht die großen Engagements bekam und in ihrem Beruf immer unglücklicher wurde. Kein Wunder, dass sie ihr volles Potenzial bis zu diesem Tag nicht ausgeschöpft hatte.

Wo finden Sie sich oder einen Ihnen nahestehenden Menschen beim Muster »Ich bin nicht gut genug« wieder? Welche Ursachen hat das Ihrer Meinung nach? Gibt es auch Ausnahmen? Gibt es Situationen, in denen Sie sich viel zutrauen und auch viel an Anerkennung in persönlicher oder materieller Form zurückbekommen? Welche Auswirkungen hat das Muster, falls Sie es von sich kennen, konkret auf Ihre Finanzen?

»Die Welt ist schlecht«

Das dritte Störungsmuster, auf das sich Geldprobleme zurückführen lassen, kann oftmals eng mit dem »Ich bin nicht gut genug«-Muster zusammenhängen: wenn ein Mensch sein angebliches Versagen auf die Außenumstände, die schlechte wirtschaftliche Situation, das System, die Branche, die Kunden, die Lieferanten, die schlechten Zeiten oder was auch immer abwälzt. Während sich die Vertreter des »Ich bin nicht gut genug« – und des »Ich bin nicht gut genug«-Musters die Probleme auf die eigenen Fahnen schreiben, sucht der Vertreter des Musters »Die Welt ist schlecht« die Ursachen im Außen. Wie soll man auch erfolgreich und finanziell glücklich sein, wenn doch »alles da draußen den Bach runtergeht«, sagt er und gibt auf.

Sie erkennen das »Die Welt ist schlecht«-Muster an folgenden Sätzen oder Gedanken:

- Die wirtschaftliche Lage ist so schlecht, da kann man ja kein Geld verdienen.
- Heutzutage hat man doch gar keine Chance!

- Das Leben ist ein Kampf ums Überleben – der Stärkere gewinnt.
- Früher war alles besser.
- Eigentlich bin ich viel zu gut, zu ehrlich für diese Welt.
- Um Erfolg zu haben, muss man ein Schwein werden.
- Ich lasse mich viel zu schnell übertölpeln.
- Ich bin zu schwach für diese Welt: Wo sind die noch Schwächeren? (Helfer)
- Mir gibt doch niemand eine Chance!
- Das System ist schuld.
- Heute kriegt man doch eh keinen (besseren) Job.
- Du willst etwas anderes machen? Bist Du verrückt bei der Arbeitslosigkeit?
- Ausbeuten oder ausgebeutet werden, das ist die Frage!
- Keiner will meine Leistung haben. (Achtung, das heißt: »Keiner braucht, was ich kann«, nicht: »Ich kann nicht, was andere brauchen«!)
- Die Kunden wollen dafür doch nichts oder viel zu wenig bezahlen.
- Diesen Preis kann ich doch nie und nimmer verlangen.
- Die Zeiten sind so schlecht, da kann das ja nichts werden.
- Damit (mit diesem Abschluss etc.) wirst du doch heutzutage nichts.
- Altersvorsorge? Bis dahin gibt es die Bundesrepublik doch gar nicht mehr!
- Altersvorsorge? Da werde ich doch gar nicht mehr leben.
- Altersvorsorge? Bis dahin regieren doch die Taliban in Deutschland.

- Altersvorsorge? Bis dahin sind die Polkappen abgeschmolzen und Deutschland steht unter Wasser.
- Ich bin zu gut für diese Welt.
- Betrügen oder betrogen werden.
- Die Welt da draußen ist kalt und feindlich.

Katrin Endres hatte Wirtschaft studiert und war Mitarbeiterin im öffentlichen Dienst. Mehrere Ärzte hatten ihr dringend zu einem Berufswechsel geraten, weil sie immer stärkere psychosomatische Beschwerden entwickelt hatte.

Katrin Endres war eine sehr dynamische, selbstbewusste Frau, die viel Energie ausstrahlte. Wir gingen zunächst berufsnahe Alternativen in ihrem Umfeld im öffentlichen Dienst durch. Es schien sehr vieles möglich zu sein, aber es kam bei ihr keine Begeisterung auf. Erst als ich sie ermunterte, auch einmal über eine Selbstständigkeit nachzudenken, begannen ihre Augen zu leuchten. In einer weiteren Sitzung erarbeiteten wir ein Konzept, wie sie sich als PR-Beraterin selbstständig machen könnte. Die anfängliche Begeisterung hatte sich inzwischen in stille Abwehr gewandelt.

»Was treibt Sie gerade um?«, fragte ich sie.

»Ich habe Angst.«

»Wovor?«

»Na, wer soll das schon brauchen, was ich da anbiete?«

Ich ging auf diesen Einwand ein und versuchte sie davon zu überzeugen, dass es viele Kunden geben würde, die ihre Dienstleistung kaufen könnten.

»Heutzutage will doch kein Mensch mehr etwas für gute Arbeit ausgeben«, gab sie zurück.

Zunächst suchte ich wieder Argumente zu ihren Gunsten, aber dann fiel bei mir der Groschen und ich erkannte, dass ich es mit einem »Die Welt ist schlecht«-Muster zu tun hatte. Deshalb fragte ich:

»Was macht Sie da so sicher?«

Dann begann eine Tirade über die »schlechten Zeiten«, die »verdorbenen Preise«, eine Gesellschaft, die angeblich nicht bereit sei, für gute Dienstleistungen zu zahlen usw. Als ich das alles mit einem Blick infrage stellte, meinte sie:

»Ich weiß genau, wovon ich spreche. Ich kenne mich in dem Markt aus. Da hat keiner eine Chance. Das ist Harakiri, was ich da vorhabe. Ich gebe meinen sicheren Job sehenden Auges auf und gehe ins Nichts. Ich weiß gar nicht, wie ich dann meine Miete bezahlen soll. Und was mache ich dann?«

Ich unterbrach das Gespräch mit einer kleinen Kaffeepause und fragte Katrin Endres dann zu ihren psychosomatischen Beschwerden. Sie erzählte, dass sie unter großen Ängsten leiden würde, sie habe eine sehr unglückliche Kindheit verbracht und würde unter der fast schon familiären Enge in ihrer Abteilung leiden. Je mehr sie sich an die alten Zeiten erinnert fühle, desto stärker schmerze ihr Rücken. An manchen Tagen könne sie gar nicht mehr sitzen vor Schmerz. Als sie das erzählt hatte, saß sie mir gegenüber stumm und in sich zusammengesunken auf dem Coachingsessel. Ich ließ ihre Worte in mir nachklingen und fragte dann:

»Frau Endres, wo waren Sie in Ihrem Leben mehr in Gefahr: drinnen, zu Hause, oder draußen?«

Katrin Endres erschrak, ich hatte ins Schwarze getroffen.

»Na, drinnen natürlich«, sagte sie, »aber bisher dachte ich immer, draußen.«

Die Welt draußen ist für die meisten von uns ein guter Ort, an dem wir viel Gutes erleben können. Da wartet zwar auch das eine oder andere Risiko – aber alles in allem ist es in unseren Zeiten ein recht sicherer Ort. Manchmal sogar sicherer als daheim. Für Katrin Endres war das ein neuer Blickwinkel.

Die kommenden Stunden erarbeiteten wir Strategien, die es ihr ermöglichten, mehr Vertrauen in die Außenwelt zu gewinnen und reale und eingebildete Risiken klar voneinander zu unterscheiden. Katrin Endres wählte schließlich eine geordnete Übergangslösung. Sie verließ den öffentlichen Dienst, ging aber zunächst in eine Angestelltenposition in einer PR-Beratung. Zwei Jahre später schrieb sie mir einen Brief, in dem sie berichtete, dass sie sich gerade erfolgreich selbstständig gemacht habe. Darin stand: »Die Welt da draußen ist gar nicht schlecht. Sie ist, im Gegenteil, ein guter Ort für mich. Ich musste nur lernen, mich vertrauensvoll in ihr zu bewegen.«

Die Welt und das Leben als unsicherer Ort

Der Mensch im Muster »Die Welt ist schlecht« hat gelernt, der Außenwelt zu misstrauen. Er hat wahrscheinlich schon früh gelernt, dass die Welt da draußen ein unsicherer Ort ist, in dem man nur schwer überleben kann. Es bleibt Psychologen überlassen, die Überforderungen zu bewerten, die ein solcher Mensch entweder selbst in früher Kindheit erlebt oder als Familiengeschichte übertragen bekommen hat. Einige Fachleute gehen davon aus, dass sehr frühe Unsicherheits- oder Vernachlässigungserfahrungen einen jungen Menschen das Leben und die gesamte Umwelt als gefährlich erleben lassen. Noch bevor das Kind stark genug war, sich in der Welt zu verorten und diese als einen aufregenden Platz für Erkundungen und Spiele zu erleben, musste es entweder auf sich selbst gestellt Lösungen finden, die es überforderten, oder es wurde selbst massiv bedroht. Ich empfehle Klienten, die solche Erfahrungen in ihrer Kindheit gemacht haben und heute an ungerichteten Ängsten, Depressionen oder anderen Störungen leiden, gezielt mit Therapeuten daran zu arbeiten. Manchmal hilft nur ärztlicher Beistand, mit massiven Zukunfts- und Weltängsten fertig zu werden. Kerstin Endres war bereits in Behandlung, als wir parallel mit dem Coaching begannen.

Manchmal ist keine Therapie nötig, sondern ein bewusstes Hinschauen auf eigene Überzeugungen und nicht hinterfragte »Wahrheiten«. Ist die wirtschaftliche Situation wirklich aussichtslos? Warum schaffen es dann trotzdem einige? Welche schlechten Erfahrungen hat man denn tatsächlich in seinem Leben schon gemacht, die das Misstrauen rechtfertigen? Gibt es Menschen in der eigenen Umgebung, die einen in dieser negativen Sicht der Dinge beeinflussen? Wie sieht es mit den Erfahrungen in meiner Familie aus? Wir werden in einem späteren Teil des Buches noch verschiedene Lösungsansätze vorstellen, die das Muster »Die Welt ist schlecht« produktiv verändern können.

Als ich einmal in einem Vortrag vor großem Publikum die These vertrat, dass jeder Mensch Möglichkeiten habe, seine finanzielle Situation nachhaltig zu verbessern, meldete sich ein älterer Herr und begann zu schimpfen:

»Was reden Sie denn da für Unsinn, junge Frau! Sehen Sie sich doch einmal um, welche Arbeitslosenzahlen wir heute haben! Das ganze System ist doch schlecht und unmenschlich. Reden Sie doch niemandem ein, er könne daran etwas ändern.«

Ich fragte ihn, wie er zu dieser Auffassung käme, und er meinte, er selbst sei Berater für Langzeitarbeitslose und habe es noch bei niemandem geschafft, ihn in Lohn und Brot zu begleiten, denn die Wirtschaft brauche einfach keine Arbeitskräfte.«

Ich antwortete: »Eben, lieber Kollege, weil Sie das glauben, haben Ihre Klienten keine Chance.« Das Publikum lachte, aber ich befürchte, dass ich ihn nicht überzeugt habe.

Ich bin mir sicher, dass der Unterschied zwischen Armut oder Wohlstand tatsächlich zu einem ganz wesentlichen Teil dort gemacht wird, wo es sich um unser Weltbild dreht. Wenn es bei den Mustern »Ich habe es nicht verdient« und »Ich bin nicht gut genug« um das Selbstbild geht, geht es bei »Die Welt ist schlecht« um ein unproduktives, lähmendes Weltbild. Dieses trägt ebenso zu Misserfolgen bei wie die beiden anderen. Das meine ich auch in Bezug auf Langzeitarbeitslosigkeit keinesfalls zynisch. Denn oft treffen sich bei Menschen, die seit Langem keine Arbeit haben, alle drei Muster. Es geht dann darum, eventuell eine völlig neue Berufstätigkeit anzustreben und der Welt und sich selbst wieder eine Chance zu geben.

»Die Welt ist schlecht, deshalb muss ich es auch sein«

Auch dieses Muster hat einige Sonderformen. Zum Beispiel die Haltung, man müsse nur schlau und durchtrieben sein und andere übers Ohr hauen, um reich zu werden. Viele Menschen hängen diesem Glauben an und bleiben deshalb finanziell weit unter ihren Möglichkeiten. Entweder weil sie sich genauso verhalten wie die anderen oder weil sie gar nichts mehr tun, da sie nicht zu diesen Menschen gehören wollen. Wer will sich schon zu den Bauernschlauen, Tricksern und Betrügern zählen?

Viel zu wenige wissen, dass es sich bei dieser Spezies, die über Tricks zu Geld gekommen ist, nicht um Vertreter wahren, authentischen Wohlstandes handelt, sondern um enttäuschte und ängstliche Menschen, die davon überzeugt sind, dass die Welt schlecht ist und sie deshalb noch schlechter sein müssen, um sich behaupten zu können. In diese Kategorie gehören auch »Pfennigfuchser«, Geizhälse und notorische Steuersparfüchse, die lieber mit Mann und Maus untergehen, als dem Fiskus einen Cent zu viel zu überlassen. Hier ist es die Welt in Form des Staates, des Finanzamts oder das »Sozialsystem«, das als feindlich und schlecht wahrgenommen wird und deshalb bekämpft und betrogen werden muss.

Selbstverständlich findet man diese Haltung nicht nur in den wohlhabenden Schichten, sondern auch da, wo ungeniert wirklich das soziale Netz ausgenutzt und der eigene Vorteil jeder Art von Anstand vorgezogen wird.

Die Welt ist schlecht – ein typisch deutsches Muster?

»Die Welt ist schlecht« kommt mir wie eine Art Kollektivmuster der Deutschen vor. In jeder Unterhaltung darf man sich zustimmenden Nickens sicher sein, wenn man auf die prekäre wirtschaftliche Situation zu sprechen kommt – egal, ob gerade Aufschwung herrscht oder nicht. Mental scheinen die Deutschen permanent im Abschwung zu sein. Im Ausland hat man dafür den Begriff

»German Angst« geprägt. »German Angst« ist eine irrationale Furcht vor Krisen und jedweden Risiken, die aus der Sicht anderer Nationen typisch ist für Deutsche. Angst sorgt für ein unstillbares Bedürfnis nach Sicherheit. Das erklärt auch das konservative Anlageverhalten der Deutschen in festverzinste Anlagen oder Garantieprodukte, die am Ende vor allem Renditen kosten und sich die Banken teuer bezahlen lassen. Aktien oder Aktienfonds haben zwar deutliche Zuwächse erzielt, aber Lebensversicherungen, Rentenpapiere und einfache Sparguthaben zählen noch immer zu den Spitzenreitern der Anlageprodukte in deutschen Haushalten.

Die Journalistin Sabine Bode hat sich der »German Angst« gewidmet und ein sehr aufschlussreiches und anregendes Buch darüber geschrieben.[4] Sie geht davon aus, dass die Deutschen vom Erleben des Zweiten Weltkrieges und seiner Folgen zutiefst traumatisiert sind und sich der Störungen, die sich aus Bombenkrieg, Vertreibung, Massensterben und Hunger ableiten, nicht bewusst sind. Eine unbestimmte Angst, alles wieder zu verlieren und dass die Welt von einem Tag auf den anderen in eine Katastrophe versinkt, sind ihrer Ansicht nach Reflexe, die bis in die junge Generation der weit nach dem Krieg Geborenen fortwirken.

Für mich sind die Beobachtungen von Sabine Bode in vielen Punkten sehr überzeugend und ich kann sie in meiner täglichen Arbeit auf ihren Wahrheitsgehalt überprüfen. Sehr viele Menschen, die mit schwerwiegenden Geldproblemen zu mir kommen, stammen aus Familien, die im Krieg extremes Leid erfahren haben. Ich denke, dass es sehr wichtig ist, auch vor diesem Hintergrund die eigene Familiengeschichte mutig und offen aufzuarbeiten, wenn man sein Verhältnis zum eigenen Leben und zu Geld nachhaltig verbessern und sein finanzielles Potenzial verwirklichen will.

> Wie denken Sie über die Welt? Denken Sie, dass Sie ein grundsätzlich guter oder ein gefährlicher Ort ist? Was haben Ihnen Ihre Eltern vermittelt? Was haben diese selbst erlebt? Wie weit hat das Auswirkungen auf Ihr Weltbild?

Wenn mehrere Muster zusammenkommen

Manchmal hängen die Muster eng zusammen oder bedingen sich sogar gegenseitig. Das ist bei folgenden Gedanken der Fall:

- Ich habe es gar nicht verdient, ordentlich Geld zu verdienen, deshalb gibt mir niemand da draußen eine Chance.
- Weil ich einfach nichts kann, will die Welt gar nichts von mir und mir auch kein Geld dafür zahlen.
- Weil ich es nicht verdient habe, stelle ich mich dumm an, und das noch in einer Welt, in der man sich jeden Tag durchsetzen muss.
- Ich bin viel zu schwach oder zu schlecht für diese Welt und deshalb habe ich auch keinen Erfolg und kein Geld verdient.

Soziale Berufe und Einkommensarmut – Henne oder Ei?

Einige der Menschen, die ich berate, arbeiten in sozialen Berufen. Hier ist es besonders anspruchsvoll, die zugrunde liegenden Muster für Einkommensarmut und chronische Geldknappheit punktgenau zu finden. In sozialen Berufen gibt es tatsächlich eine strukturelle Komponente. Selbst ein sehr erfolgreicher Jugendpfleger oder eine sehr erfolgreiche Krankenschwester verdient im besten Falle durchschnittlich. Was ist hier Ursache und Wirkung? Die meisten Helferberufe sind schlecht bezahlt. Liegt es an der Leistung der Berufstätigen? An dem wenigen Geld der »Kunden«? Oder auch daran, dass in diesen Berufen überproportional viele Menschen arbeiten, die ein schwieriges Verhältnis zu sich und zu Geld haben und auf eine oder gleich alle drei Grundmuster unproduktiven Geldbewusstseins »anspringen«: Ich habe es nicht verdient, ich bin nicht gut genug, die Welt ist schlecht?

Die Problematik ist in Fachkreisen durchaus bekannt: Das Standardwerk *Hilflose Helfer* von Wolfgang Schmidbauer wendet sich auch an die Vertreter helfender Berufe und zeigt schlüssig auf, dass viele Helfer die eigene Überforderung mit sich und dem Leben durch das Helfen kompensieren und Schwierigkeiten haben, sich zu behaupten.[5] Viele bringen eine sehr kritische Einstellung zur Gesellschaft und vor allem zum Wirtschaftssystem mit, das leicht in das »Die Welt ist schlecht«-Muster fließen kann. Kein Wunder, sind sie doch täglich mit den sozialen Rändern der Gesellschaft und deren Not beschäftigt. Wenn es einem Sozialarbeiter nicht gelingt, eine Identifikation mit seinen Klienten zu vermeiden, kann im schlimmsten Fall auch für ihn eine finanzielle Spirale nach unten beginnen. Ich habe Sozialarbeiter in Berlin erlebt, die Angst hatten, irgendwelchen Kollegen oder gar Klienten in der Arbeitsagentur zu begegnen, wo sie sich ihren kargen Honorarlohn durch Hartz IV aufstocken lassen mussten.

Eigentlich ist es widersinnig, dass gerade die Profis aus den helfenden Berufen so wenig verdienen. Sie liefern hoch qualifizierte Arbeit, die in vielen Bereichen sehr schwer ist und eine hohe persönliche und fachliche Kompetenz erfordert. Viele haben ein langjähriges Sozialpädagogik-, Psychologie- oder Sozialarbeitsstudium hinter sich und nehmen trotzdem Honorarstellen für 12 Euro pro Stunde an. Wenn ich mit meinen Klienten aus den sozialen Berufen eine realistische Rechnung aufmache, ernte ich meist Unverständnis oder Hilflosigkeit:»Mehr Geld ist halt nicht da«, sagen sie dann. Häufig schimmert ein»Mehr Geld habe ich anscheinend nicht verdient, weil ich ja nur ein paar Stunden arbeite« durch. Dass sie sich auf diese Weise in Armut und Unterversicherung hineinarbeiten, ist für viele eine ganz neue Erkenntnis.»Geld ist mir nicht wichtig« ist dann eine weitere Aussage oder halb scherzhaft gemeinte Sätze wie»Ich kann mit meinem Helfersyndrom halt nicht mehr verdienen« oder»Dieses System belohnt Hilfe nicht«. Hinter all diesen Ansichten bleiben sie als Menschen, die ihr Geld hart verdienen, zurück. Als ob sie selbst keine Ansprüche stellen dürften, wenn es denen, denen sie helfen, finanziell noch schlechter geht.

Was soll man also tun, wenn»der Markt« nicht mehr bezahlt? Love it, leave it or change it – wie der bekannte Spruch nahelegt: Arrangiere dich damit, geh da raus oder ändere es. Manche Sozialarbeiter, die ich beraten habe, entwickelten eine Karrierestrategie, die ihnen erlaubte, in ihrem Beruf mehr zu verdienen, zum Beispiel als Supervisor oder Berater für andere Sozialarbeiter. Andere erkannten, dass sie sich die Honorarstellen einfach nicht leisten konnten und setzten über kurz oder lang eine Festanstellung durch bzw. bewarben sich nur noch auf entsprechende Positionen. Eine Frau entschloss sich, zunächst als Kellnerin wenigstens für neun ehrliche Euro pro Stunde plus Trinkgeld zu arbeiten, bis ihre therapeutische Zusatzausbildung ihr erlaubte, deutlich höhere Stundensätze in ihrem alten Beruf durchzusetzen.

Wir haben gesehen, wie viele Spielarten von Mustern es gibt, die uns daran hindern, unser finanzielles Potenzial zu erkennen und zu verwirklichen. Die Grundmuster lassen sich darauf zurückführen, dass wir entweder ein Problem mit unserer Selbstachtung (»Ich habe es nicht verdient«), dem Glauben an unsere Selbstwirksamkeit (»Ich bin nicht gut genug«) oder unserem Verhältnis zur Außenwelt (»Die Welt ist schlecht«) haben. Diese Grundmuster führen zu schlechten Geldgewohnheiten.

Schlechte Geldgewohnheiten

Unser Denken bestimmt unsere Gefühle. Beides wiederum bestimmt unser Handeln. Die drei hinderlichen Geldmuster führen deshalb zu schlechten Gewohnheiten, mit Geld umzugehen. Sie zeigen uns, dass wir einen Mangel an Geldkultur haben. Geldkultur würde bedeuten, dass wir einen sinnvollen und bewussten Umgang mit Geld pflegen. Diese Kultur würde klare Regeln beinhalten, an die wir uns halten und die zeigen, wer wir sind oder sein wollen. Wer keine eigene Geldkultur hat, neigt meistens zu einem der beiden Extreme:

- Verschwendung (Mangel an Bewusstheit und Wertschätzung)
- Geiz (Fixierung auf Geld)

Verschwendung – Mangel an Bewusstheit und Wertschätzung

Verschwendung ist die negative Schwester der Großzügigkeit. Großzügigkeit sich selbst und anderen gegenüber ist ein Zeichen der Wertschätzung, wenn sie bewusst erfolgt. Da unser Umgang mit Geld von unserem Denken über uns selbst, andere und die Welt beeinflusst wird, offenbaren wir in der Verschwendung einen Mangel an Bewusstheit und Wertschätzung uns selbst, anderen und der Welt gegenüber, denn: Geld verschwenden wir meist unbewusst. Der berühmte »Kaufrausch« ist eben ein Rausch und lässt uns kopflos handeln. Wir übernehmen in diesem Moment keine Verantwortung für die Folgen unseres Handelns. Überzogene Konten und Schulden zeigen an, dass wir nicht bewusst mit unserem Geld umgehen.

»Immer wenn ich einen großen Erfolg zu verbuchen habe, gehe ich erst mal einkaufen. Dann kaufe ich so viel, dass das Geld, was ich verdient habe, fast wieder weg ist. Auf diese Art bleibe ich finanziell immer auf der Nulllinie«, sagte mir in der Beratung die erfolgreiche selbstständige Marketing-Beraterin Gudrun Pfannmüller. Die Ursachen lagen für sie, als wir das Thema näher analysierten, im Muster »Ich habe es nicht verdient«. Als ob sie die Anerkennung, die ihr die Kunden mit den Honoraren gaben, wieder tilgen wollte, deckte sie sich mit Dingen ein, die sie gar nicht brauchte.

Mit ihrem Geld ging Gudrun Pfannmüller auch anderen gegenüber sehr großzügig um. »Die Rechnung im Café übernehme ich fast schon gewohnheitsmäßig. Es ist mir peinlich, alles genau auseinanderzurechnen. Ich will dann keine Diskussion und auch nicht eingeladen werden, deshalb zahle ich.«

Eines Tages wurde sie von einer Freundin darauf angesprochen. Sie sagte ihr, sie fühle sich bevormundet und wie ein kleines Kind gehätschelt, aber nicht anerkannt, wenn sie immer alles bezahlt bekomme und selbst keine Einladung aussprechen dürfe.

»Ich war wie vor den Kopf gestoßen«, sagte Gudrun Pfannmüller, ich dachte, ich tue ihr doch etwas Gutes, wenn ich immer die Rechnung übernehme.«

Wir erarbeiteten den Unterschied zwischen Verschwendung und Großzügigkeit und sie meinte schließlich: »Stimmt, in dem Moment, wo ich gewohnheitsmäßig zahle, schätze ich weder mich noch den anderen. Das Besondere, die Geste, ist vollkommen weg. Es wird eine einseitige Routine, die uns beiden nicht gerecht wird.«

Verschwender können im Gegensatz zu den Großzügigen nur sehr schwer etwas annehmen. Auch Gudrun Pfannmüller kannte dieses Phänomen bei sich selbst: »Ich fühle mich dann immer sehr ausgesetzt. Entweder ich denke, ich müsse sofort eine Gegenleistung erbringen, oder ich fühle mich innerlich leer und gar nicht da. Ich freue mich nicht, wenn ich etwas bekomme. Es verunsichert mich eher.«

Alles, was uns fremd ist, verunsichert uns erst einmal. Wenn es uns fremd ist, etwas zu bekommen, umsorgt und auch mal verhätschelt zu werden, dann verunsichert es uns, wenn uns jemand genau das anbietet.

Prägende Erfahrungen in der Kindheit

Ich habe in meinen Beratungen Menschen kennengelernt, die ihren Müttern schon als Kinder teure Perlenketten vom ersparten Taschengeld kauften, um Liebe und Anerkennung für ein Geschenk zu bekommen. Es bestürzt mich immer wieder, wenn ich höre, wie Eltern und Kinder in Familien mit dem Thema Geld umgehen. Häufig sind Verschwender Kinder von Geizigen oder schlicht und einfach nicht anwesenden Menschen. Sie versuchen, über ein ständiges Geben ihre Eltern zu beschwichtigen, ihre Aufmerksamkeit zu bekommen und sie positiv zu stimmen.

Auch Gudrun Pfannmüller hat solche Erfahrungen in ihrer Kindheit gemacht: »Meine Mutter hat sich nicht über etwas selbst Gebasteltes gefreut. Während andere Mütter sich über die Geste freuten, hat sie mit mir geschimpft, sie möchte keinen weiteren ›Müll‹ in der Wohnung haben. Sie erwartete Erwachsenengeschenke, die eigentlich zu teuer für mich waren.«

Es ist schwer, auf Eltern wie diese nicht den ersten Stein zu werfen. Sie zeigen mit einem solchen Verhalten, welche ungesunden Einstellungen sie zum Thema Besitz, Geld und Wert haben. Auch bei ihnen weisen diese Einstellungen auf ihr Verhältnis zu sich selbst und zu ihrem Leben hin. Es ist jedoch fatal, wenn Kinder lernen, über ihre Verhältnisse geben zu müssen, damit ihre Zuneigung erkannt und ihnen dafür Liebe und Dank geschenkt werden. Denn dies ist eine Wurzel für Fehlentwicklungen im Erwachsenenleben. Verschwendung wird dann zum Mittel, Wertschätzung und Anerkennung auszudrücken und zu empfangen. Die Balance geht verloren. Aus Großzügigkeit wird Verschwendung.

Für Verschwender ist es wichtig zu lernen: Verschwendung ist etwas anderes als Großzügigkeit. Wenn wir anderen gewohnheitsmäßig etwas geben, weil wir denken, es ihnen schuldig zu sein, sind wir aber wieder bei der Verschwendung und dem Muster »Ich habe es nicht verdient«.

Noch deutlicher zu sehen ist dieses Hintergrundmuster an Menschen, die sich selbst zwar nichts gönnen, aber andere mit Zuwendungen überschütten. Sie sind sich selbst gegenüber geizig, verhalten sich anderen gegenüber aber verschwenderisch.

Häufig haben Verschwender keine eigene Geldkultur. Verschwenderinnen und Verschwender haben meist keinen Überblick über ihre Finanzen. Sie wissen weder genau, was sie verdienen, noch, was sie gerade haben. Sie haben keine Vorstellung über ihre Verdienstmöglichkeiten und ihre tatsächliche Vorsorge. Ihr Besitz, falls vorhanden, ist zerstreut, ungeordnet, Mieten sind seit Jahren nicht angepasst, Kredite seit Jahren nicht neu verhandelt, Honorare nicht angemahnt. Manchmal wurden

Rechnungen gar nicht geschrieben. Manche von ihnen besitzen nicht einmal ein Girokonto oder überlassen alle Finanzfragen ihren Partnern.

Die Fantasie, gerettet zu werden

Viele Verschwenderinnen und Verschwender hoffen, dass sie eines Tages doch noch etwas zurückbekommen, vielleicht sogar mehr, als sie gegeben haben. Wenn sie die Hoffnung darauf, etwas verdient zu haben, nicht ganz aufgegeben haben, hegen sie häufig diese heimliche Hoffnung. Es ist die Hoffnung nach einem großen Coup oder großen Geschäft, es ist die Hoffnung auf eine Erbschaft, einen Lottogewinn oder anderes Glück.

Manchmal lassen es Verschwender darauf ankommen und verschulden sich bis über beide Ohren. Dann müssen andere ran. Die Schuldnerberatung, die Gläubiger, die Verwandten, Freunde, Kollegen – die ganze Welt wird Zeuge der eigenen Misere und ist aufgerufen, ihren Teil zur »Wiedergutmachung« beizutragen. Auch wenn es vollkommen richtig ist, bei finanziellen Schwierigkeiten um Unterstützung zu bitten und diese auch anzunehmen, rate ich allen hoch Verschuldeten, diesen Punkt in ihrem Leben genauer in den Blick zu nehmen: Wie viel von der Unvernunft im Ausgeben kommt vom heimlichen Wunsch, doch endlich gerettet zu werden? Was am eigenen Unglück war wirklich einfach Unglück und was davon stammt eher aus der Kategorie »Ich verhalte mich wie ein Kind und überlasse anderen die Verantwortung«?

Geben, um zu bekommen

Viele Verschwenderinnen und Verschwender zeigen sich sehr empfänglich für esoterische Geldphilosophien, nach denen man Geld nur dann bekommen könne, wenn man besonders viel gebe. Es würde dann ein neuer Energiekreislauf des Gebens entstehen, von dem man am Ende selbst profitieren würde. Ich vermute, dass dieses esoterische Gedankengut deshalb auf so offene Ohren stößt, weil es die Überlebensstrategie der Verschwender genau trifft. Denn ein Verschwender hoffte wahrscheinlich schon als Kind, dass er endlich Liebe und Zuwendung in Fülle bekommen würde, wenn er nur genug von sich geben würde. Und da Menschen nur das wiederholen, was ihnen Erfolg brachte, werden sie tatsächlich manchmal Zuwendung bekommen haben, wenn sie sich verausgabt haben. Das wiederum macht die Gebe-Philosophie für Verschwenderinnen und Verschwender so plausibel und glaubwürdig.

Ob man nun auf das Glück hofft oder meint, über Schenken und Ausgeben reich zu werden: Leider geht diese Rechnung nur sehr selten auf und bringt selbst dann keine langlebigen Ergebnisse. Denn wenn die Angst, »es nicht verdient« zu haben, nach wie vor da ist, wird ein Mensch vieles dafür tun, den alten Zustand der Nulllinie auf dem Konto wiederherzustellen.

Wohlstand und Wachstum haben etwas damit zu tun, Ressourcen bei sich zu halten, zu pflegen, sich um sie zu kümmern, die Verantwortung für sie zu übernehmen und seine schützende Hand über sie zu legen. Für Geizige kann Geben ein gutes Experiment mit der eigenen Gefühlswelt sein. Für Verschwender ist es eher hilfreich, zu nehmen, zu behalten, auch einmal zu fordern und sich um sich selbst und seinen Besitz zu kümmern.

Sehr häufig beobachte ich, dass Menschen, die zur Verschwendung neigen, auch mit ihren anderen Ressourcen, ihrer Gesundheit, ihrer Energie, ihrer Arbeitskraft, verschwenderisch umgehen. Sie strengen sich häufig über Gebühr an und haben Probleme, sich und anderen Grenzen zu setzen.

Verschwendung ist genauso wie der Geiz eine fehlgeleitete Überlebensstrategie. Jede Art von Überlebensstrategie zeigt, dass sich ein Verhalten abgekoppelt hat und quasi automatisch erfolgt. Es fehlt an Bewusstheit und Konzentration. Diese wiederzuerlangen und beim Thema Geld und Geben wieder klare Gedanken und Gefühle zu fassen und zu erleben, ist der Weg in eine neue, auch finanziell gelungene Zukunft.

Geld als Lebensgrundlage

Geld ist eine Lebensgrundlage. Es sichert unsere Existenz und eröffnet uns Möglichkeiten im Leben. Wenn wir es ohne Bewusstheit weggeben, zeigen wir damit, dass wir unsere Existenzgrundlage nicht achten. Ich bin immer wieder bestürzt darüber, wie Menschen, die ihr Geld verschwenden, für Nachsicht werben, als ob sie immer noch nicht verstanden hätten, dass sie ihre eigenen Lebensgrundlagen vergeuden und nicht die anderer Menschen. Manchmal wirkt die Sucht, etwas zu kaufen, was man nicht braucht oder sich nicht leisten kann, wie ein Hilfeschrei nach mehr Leben und der Illusion, dass man sich tatsächlich alles leisten kann. »Ich bilde mir beim Einkaufen ein, ich könnte mir das eigentlich alles leisten. Ich habe das Gefühl, das, was ich kaufe, wirklich zum Überleben zu brauchen, und deshalb *muss* ich es mir dann auch leisten«, sagte mir Gudrun Pfannmüller. »Ich habe dann das Gefühl, alles im Griff zu haben und auf der Sonnenseite des Lebens zu stehen.« Dass sie das in ihren jungen Jahren nicht tat, versteht sich beinahe von selbst.

So vielfältig die Ursachen sein mögen, so einfach ist die Lösung: Der größte Feind der Verschwendung ist die Bewusstheit. Je mehr wir über unsere Finanzen Bescheid wissen und je bewusster wir mit Geld umgehen, desto weniger werden wir verschwenden. Natürlich müssen dann andere Wege gefunden werden, die eigene Bedürftigkeit oder Heimatlosigkeit im Leben auszugleichen. Es geht dabei auch darum, mit unseren Ressourcen, mit unserer Energie und Lebenskraft bewusster und sparsamer umzugehen. Ein angeschlagenes Selbstwertgefühl ist die Quelle für Unbewusstheit und Verschwendung und muss dringend gestärkt werden. Darauf werden wir noch ausführlicher zu sprechen kommen.

Geiz – Fixierung auf Geld

Geiz ist das Gegenteil von Verschwendung. Wer geizig ist, hat Angst, Geld zu verlieren und dann Mangel leiden zu müssen. Er oder sie setzt den Besitz von Geld mit dem Besitz von Sicherheit und Leben gleich. In meiner Arbeit kommt der Geiz oft im Zusammenhang mit dem Muster »Die Welt ist schlecht« vor. Geizige haben oftmals das Gefühl, in früheren Jahren zu viel gegeben zu haben. Sie haben Angst, dass es nicht mehr für sie reicht, dass nur ein ständiges Anhäufen von Geld ihnen Sicherheit im Leben gibt. Viele Geizige sind sehr unglücklich mit ihrem Gefühl und ihrem Verhalten. Sie machen sich oft unbeliebt und fühlen sich in ihren Ängsten unerkannt und nicht verstanden.

»Es ist wie ein Zwang«, sagte mir ein Mann, der sehr unter seinem Geiz litt, im Coaching. »Ich kann an nichts anderes mehr denken, wenn ich befürchte, dass man etwas von mir will oder mich übervorteilt.«

Sparsamkeit statt Geiz

Die »gute Schwester« des Geizes ist die Sparsamkeit. Sie zeigt, dass ein Mensch bewusst und wertschätzend mit seinen Ressourcen umgeht. Während der Sparsame ein gutes Gefühl für die Verhältnismäßigkeit seiner Ausgaben hat, leidet der Geizige an jeder Ausgabe und hat das Gefühl, dass er nie genug hat und nur eine Nicht-Ausgabe eine gute Ausgabe ist.

Geiz kann zu Wohlstand führen, muss aber nicht. Da Geizige oft ein übermäßiges Sicherheitsbedürfnis haben, achten sie nicht darauf, ihr finanzielles Potenzial auf der Einnahmenseite auszunutzen. Sie sind Profis im Geldhorten, aber nicht unbedingt im Geldverdienen. Nur wenn Geiz stark mit dem Antrieb »Gier« verbunden ist, kommt es zum berühmten Dagobert-Duck-Phänomen eines ängstlichen Menschen, der große Geschäfte macht, sich und anderen dann aber nichts gönnt. Viele Geizige strahlen Freudlosigkeit und Enge aus, die ihnen zusätzlich Erfolgschancen nehmen. Die mangelnde Großzügigkeit macht sie oft unbeliebt bei anderen und so bleibt der Kreislauf geschlossen: Wenn mich sowieso alle ablehnen, muss ich erst recht schauen, wo ich bleibe.

Die Grunderfahrung vieler Geiziger ist, dass sie entweder selbst nichts bekommen haben und deshalb schon sehr früh »schauen mussten, wo sie bleiben«. Oder sie waren Verschwendern ausgesetzt, die ihnen ein Gefühl der Unsicherheit und des Ausgesetztseins gaben.

Der Vater des oben genannten Klienten, der so stark an Geiz litt, war ein ausgesprochener Verschwender, der nicht arbeitete und die Tage in einem Wirtshaus verbrachte. Seine Frau und seine vier Kinder blieben zurück, am Sonntag gab es große Fleischportionen für ihn, für alle anderen gab es Hirsesuppe. Die Kinder untereinander waren getrieben von Konkurrenz und Neid um jedes bisschen Aufmerksamkeit oder jede noch so kleine Zuwendung. Im Garten prügelten sie sich um eine Stachelbeere, die die Mutter einem der Geschwister zusteckte.

Mein Klient fasste bereits als kleiner Junge den Entschluss, sich später nie etwas von anderen wegnehmen zu lassen und auf keinen Fall von anderen irgendwie abhängig zu werden. Er hatte Hingabe und Sich-fallen-Lassen, gelöstes Annehmen und Sich-verwöhnen-Lassen nicht kennengelernt.

Als erwachsener Mann arbeitete er als Buchhalter, sparte jeden Pfennig, heiratete eine reiche Erbin und war auch als Multimillionär so geizig, dass er sich selbst verachtete. »Mittags stieg ich auf mein Rad und fuhr bei Freunden vorbei, von denen ich wusste, dass sie gerade etwas Warmes auf den Tisch bekommen. Ich klingelte wie zufällig und wartete, bis ich oft recht mürrisch zum Mittagessen eingeladen wurde. Auf diese Weise schmarotzte ich mich durch die Woche, obwohl ich mir jeden Tag ein Fünfsternemenü hätte leisten können. Ich war aber nur dann halbwegs entspannt und zufrieden, wenn ich an einem Tag nichts ausgegeben hatte.«

Ein anderer Klient, ein wohlhabender Unternehmensberater Mitte 30, litt unter massiven Schlafstörungen, weil er nachts aufwachte und entsetzliche Existenzängste verspürte. Wenn er viel Geld auf dem Konto hatte, befürchtete er eine Inflation. Kaufte er dann Sachwerte, um sich vor einer Inflation zu schützen, hatte er Angst vor sozialen Unruhen, Enteignungen oder gar einem Krieg, der alles zerstören würde. Er litt unter großem Geiz, gönnte sich und seiner Frau so gut wie nichts und war permanent angespannt und voller Sorge. Aus Angst, im Falle einer Scheidung die Hälfte seines Vermögens zu verlieren, hatte er vor der Hochzeit einen extrem strengen Ehevertrag abgeschlossen. Er kam zu mir, als das Kartenhaus zusammenbrach: Der Vertrag wurde vor Gericht als sittenwidrig eingestuft und für nichtig erklärt. Angesichts des massiven Vermögensverlustes sah er ein, dass er das Problem an der Wurzel anpacken musste.

Geiz kann wie die Verschwendungssucht überwunden werden. Alles, was dabei hilft, ein Gefühl der Sicherheit, des persönlichen Aufgehobenseins und der Wertschätzung im Leben zu erlangen, fördert den Schritt in Richtung zu mehr Großzügigkeit sich selbst und anderen gegenüber. Nur wer spürt, dass er sich »offene Flanken« leisten kann, ohne angegriffen, verletzt oder ausgebeutet zu werden, kann sich öffnen und in einen fruchtbaren Austausch mit dem Leben treten.

Schlechte Gewohnheiten als Überlebensstrategien

Wichtig ist zu bedenken, dass beide Extreme im Grunde Überlebensstrategien sind. Im einen Fall hat ein Mensch gelernt, dass er sich nur mit dem Verschleudern von Ressourcen bei anderen beliebt macht und wohlgelitten ist, vor allem wenn diese davon profitieren. Verschwendung zugunsten anderer ist sehr häufig ein Zeichen von Angst, soziale Akzeptanz zu verlieren. Menschen, die zu diesem Muster neigen, befürchten, angegriffen oder ausgestoßen zu werden, wenn sie entweder etwas für sich fordern oder eben nicht »genug« für andere tun. Diese Form ist meistens gepaart mit einer Konfliktschwäche, also der Scheu, sich auch gegen Widerstände für eigene Interessen zu engagieren.

Beim Geiz ist die Überlebensstrategie ebenfalls sehr deutlich zu sehen: Wenn ich nicht alles horte, was ich habe, reicht es nicht für mich. Ich bin nur sicher, wenn ich alles für mich behalten kann. Geizige sind oft weniger sozial kompetent, leben zurückgezogener oder sogar isoliert, kämpfen aber, wenn es sein muss, bis auf den letzten Cent um ihre Interessen – egal, welches Bild sie dabei bei anderen abgeben.

Das Erbe der Familie

Fatale Rückmeldungen

Die Kindheit ist, das zeigen viele der bisherigen Beispiele, eine wichtige Quelle für unser Verhältnis zu Geld. Warum wirkt diese Phase so stark nach, dass sie auch unser Verhältnis zu Geld im Erwachsenenalter prägt?

In unserer Kindheit haben wir erste Rückmeldungen auf unsere Person bekommen. Die Aussagen, mit denen wir von klein auf konfrontiert wurden, geben uns einen Werterahmen und sagen uns, was wir von uns und anderen zu halten haben, welches Verhalten erwünscht ist und welches nicht. Aus den überlieferten Geschichten, den Zuschreibungen zu unserer oder anderen Personen und unseren eigenen Lernerfahrungen bauen wir uns ein Welt- und ein Selbstbild. Später sehen wir alles, was wir wahrnehmen, durch diesen Filter. Denn unser Gehirn sucht nach Ähnlichkeiten. Das heißt, jede neue Erfahrung, jede neue Geschichte wird abgeglichen mit dem, was wir schon wissen. Je älter wir werden, desto mehr wissen wir. Neues wird in Bekanntes eingeordnet, wirklich Neues findet nur schwer Zugang zu unserem Inneren. Lernen wird damit immer schwieriger. Es ist, als ob unsere innere Bibliothek schon voll wäre und kein neues Buch mehr Platz hätte. Irgendwann wollen wir gar keine neuen Bücher mehr, weil wir nicht wissen, wohin damit.

Unser Wissen über Geld, uns selbst und die Welt stagniert eines Tages. Wir verhalten uns immer gleich und bekommen immer das gleiche Ergebnis. Damit verfestigt sich unsere Erfahrung noch mehr und wir haben den Eindruck, ein Thema gar nicht mehr in den Griff bekommen zu können. Die Meinung »Ich bin halt nicht so intelligent« hält uns davon ab, uns fortzubilden. »Ich war halt immer schon unsportlich« verhindert jede neue Erfahrung in eine andere Richtung. »Ich kann mit Geld nicht umgehen« oder »Ich kann mir nichts gönnen« sind ebensolche Sätze, die sich tief eingeprägt haben und uns von neuen Erfahrungen abhalten. Ob es sich um das »Ich habe es nicht verdient«-Muster, das »Ich bin nicht gut genug«-Muster oder das »Die Welt ist schlecht«-Muster handelt: Die Wurzeln liegen meist in schwerwiegenden Erfahrungen von Misserfolg, Zurückweisung oder Blamage.

Zu den fatalen Sätzen, die sich in den Kopf eines Kindes geradezu einbrennen, gehören Sätze wie: »Gib her, das kannst du doch nicht«, »Das können andere viel besser als du«, »Was glaubst du eigentlich, wer du bist?«, »Du bist ja zu blöd für irgendwas«, »Du bist dumm, faul, falsch, nichtsnutzig«, »Schäm dich!«, »Du bist zu gar nichts zu gebrauchen« »Du hast zwei linke Hände«, »Mit dir muss man sich ja schämen«, »Was wohl die Nachbarn dazu sagen« etc.

Solche Sätze sind wie ein emotionales Gruselkabinett und häufig Ursache späterer Geldprobleme. Denn sie greifen direkt das Selbstwertgefühl eines Menschen an. Sätze wie »Schuster, bleib bei deinen Leisten«, »Die Welt da draußen ist kalt und gefährlich«, »Wirst schon noch sehen, was dir Schlimmes passieren wird«, »Vertraue niemandem« etc. nähren das Misstrauen eines kleinen Menschen und lehren ihn, dass die Welt ein unsicherer, ein gefährlicher, ein schlechter Ort ist.

In meinen Coachings höre ich diese Sätze häufig von meinen Klienten. Es sind die Stimmen ihrer destruktiven inneren Kritiker. Stimmen, die ihnen jeden Mut nehmen, sich finanziell in eine andere Liga zu bringen. Stimmen,

die sie davon abhalten, irgendein Risiko einzugehen –
und wenn es das Risiko ist, sein Leben endlich in den
Griff zu bekommen. Es kann uns trösten, dass die wenigsten Menschen Sätze dieser Art nie gehört haben.
Manche haben sie täglich gehört und sind daran zerbrochen. Manche haben sie gehört und sind daran stark geworden. Manche haben es deshalb zu falschem, kompen-
satorischem Reichtum gebracht. Manche haben ihren
eigenen Weg gefunden oder arbeiten heute daran. Für
alle, die ein gutes Verhältnis zu Geld bekommen wollen,
ist es wichtig, das Erbe ihrer Familien in puncto Geld
aufzuarbeiten.

Das Erbe auswählen

Erben ist so eine Sache. Beim Erben von Besitz müssen
wir uns entscheiden, ob wir das gesamte Erbe annehmen
oder ablehnen. Entweder – oder. Beim viel wichtigeren
mentalen und emotionalen Erbe können wir differen-
zierter vorgehen. Wir können uns entscheiden, welche
Einstellungen, Gedanken, Gefühle und Verhaltensweisen
wir weiter erleben möchten und von welchen wir uns verabschieden wollen. Denn das, was wir über Geld, Reichtum und Armut bereits in unseren Kindheits- und Ju-
gendjahren erfahren haben, bestimmt unbewusst unser
Handeln.

Wie können wir das beeinflussen? Ein erster Schritt
hierzu ist es, die Herkunft unserer Geschichten über Geld
herauszufinden. Welche Geschichten und welche Erfahrungen haben uns geprägt? Was haben wir zeit unseres
Lebens über Wohlstand und Armut gelernt?

Es gibt Leitfragen, mit denen Sie Schneisen durch den
Dschungel der Familiengeschichte schlagen können:

- Welche Geldgeschichten kursieren in Ihrer Familie? Welche Anekdoten über Reichtum, finanzielle Glücksfälle und überwundene Krisen gibt es? Welche Geschichten handeln von Not und Verzweiflung? Was ist die Moral dieser Geschichten? Welche Empfehlungen gibt Ihre Familientradition in Bezug auf Geld an Sie weiter?
- Betrachtet sich Ihre Gesamtfamilie in Bezug auf Geld als kompetent und erfolgreich oder als inkompetent und unglücklich? Gab es ein oder mehrere Ereignisse in Ihrer Familie, die Geld gebracht oder genommen haben? Gibt es Unterschiede im Vermögen Ihrer Eltern, Tanten, Onkel oder Geschwister? Wie gehen Ihre Kinder mit Geld um?
- Wer gilt in Ihrer Familie als erfolgreich und wohlhabend? Wenn es niemanden innerhalb der Familie gibt, wer wird dann von Ihrer Familie bewundert? Wer ist Ihnen als Vorbild vorgeführt worden? Was halten Sie heute davon?
- Wenn sich Ihre Eltern ein gutes Leben für Sie wünschen würden: Wie würde Ihr Leben und Ihr Alltag dann aussehen? Gut verheiratet in einem eigenen Häuschen? Viele Kinder? Oder eher eine Villa und die eigene Jacht? In welchem finanziellen Rahmen denkt man in Ihrer Familie?
- Gibt es schwarze Schafe in Ihrer Familie? Wenn ja, wie stehen diese beim Thema Geld da? Gibt es Unterschiede zu den wohlgelittenen Familienmitgliedern? Welche Menschen hatten den größten Einfluss auf Sie persönlich, wenn es um Geld und Ihre Einstellung dazu ging? Warum?
- Folgen Sie einer bestimmten Person oder Familienlinie mit Ihrer finanziellen Situation oder begründen Sie eine neue Tradition?

Torsten Hagemann war ein erfolgloser Maler. Er stammte aus sehr wohlhabendem Elternhaus. Sein Vater war ein renommierter Anwalt in der dritten Generation. Anstatt der Tradition der Familie zu folgen, wie es bisher alle Söhne gemacht hatten, verweigerte sich Torsten, schmiss die Schule und begann als Autodidakt zu malen. Er hangelte sich zunächst mit Unterstützung der Mutter durch die ersten Jahre seines erwachsenen Lebens, aber mit 25 war damit Schluss. Es folgte eine »Karriere« als Gelegenheitsjobber und Sozialhilfeempfänger. Zwar verkaufte er hie und da ein Bild für wenig Geld, aber es reichte eben nie, seinen Unterhalt selbstständig zu finanzieren.

Eines Tages hörte er im Radio ein Interview mit mir zum Thema Geld und Berufung und vereinbarte daraufhin einen Termin. Er fragte, ob er einen Sonderpreis bekommen könne, aber ich sagte sehr bewusst Nein. Ich wollte, dass er eine bewusste Entscheidung für die Investition in ein Geldcoaching bei mir treffe und sich des Preises dafür bewusst sei.

Er beschaffte das Honorar und wir begannen intensiv zu arbeiten. Bereits nach der ersten Sitzung war uns beiden sehr klar, dass er den Weg des anderen Extrems zu seiner Familie gegangen war. Statt sich anzupassen und als Anwalt viel Geld zu verdienen, lehnte er jegliche Leistungs- und Geldorientierung ab. Sein unabhängiger, aber durch finanzielle Not sehr eingeschränkter Lebensweg war wie ein stummer Schrei gegen die Tradition einer Familie, die er als einengend, festgefahren und autoritär empfand. Doch es brauchte Jahre bis zu dem Zeitpunkt, an dem er erkannte, dass das Extrem der materiellen Not ihn genauso einschränkte wie eine Jurakarriere nach dem Vorbild des Vaters:

»Ich möchte doch eigentlich frei sein. Aber um freie

Entscheidungen treffen zu können, brauche ich Geld. Ohne Geld bin ich ja gar nicht frei, sondern noch viel mehr den Notwendigkeiten unterworfen. Der Notwendigkeit, irgendwo Geld zu beschaffen, der Notwendigkeit, mich nach dem Mangel zu richten und nicht nach dem, was ich eigentlich will. Ich dachte mir, dass Geld eine Fessel ist. Aber eigentlich meinte ich nur den Job. Der falsche Beruf und die Tradition meiner Familie sind die Fesseln. Ich habe sie leider mit Geld verwechselt.«

Torsten Hagemann erkannte nach und nach die Muster seiner Familie und seine eigenen, ebenso extremen Gegenstrategien. Wir erarbeiteten gemeinsam seine eigene, authentische Berufs-, Geld- und Lebensstrategie. Er war erstaunt, dass sich mit den neuen Strategien auch seine Malerei veränderte. Er malte nicht mehr »gegen« die Welt, sondern für und mit der Welt. Dass er mehr und mehr Bilder verkaufte, nachdem er sich mit der Außenwelt arrangiert hatte, wunderte ihn. Mich überraschte es nicht, hatte er doch drei Störungsmuster auf einmal beseitigt: Er wusste, dass er seinen eigenen Weg zu Geld gefunden (verdient) hatte, dass er gut genug und dass die Welt ein guter Ort war, die darauf wartete, seinen ganz authentischen Weg zu verfolgen und zu fördern.

»Wir haben alle zwei linke Hände, wenn es ums Geld geht«, hörte Sybille Seeger von beiden Eltern, seit sie denken kann. »Es soll halt bei uns nicht sein mit dem Reichtum«, scherzten sie, wenn Sybille wieder einmal in der Schule eine Klassenfahrt absagen musste, weil ihre Eltern »nun mal keine Großverdiener« waren. Bis zu unserem Coaching hatte sie diese Sätze niemals bewusst hinterfragt, obwohl sie bereits in ihren Kindertagen den Verdacht hatte, dass sich ihre Eltern, wie sie sagte, »ziemlich dumm« anstellten. »Sie konnten zu niemandem Nein sagen«, erzählte sie. »Wenn irgendwer Geld brauchte, liehen sie es weiter, obwohl sie es meistens nicht zurückbekamen.« Und wenn die »Gefahr« drohte, dass tatsächlich über einen bestimmten Zeitraum Überschüsse zusammenkamen, dann wurde ein Elternteil krank und der andere konnte die laufenden Kosten nur mit Müh und Not tragen.

»Meine Kindheit und Jugend waren gezeichnet von Mangel, vom Nicht-Dazugehören und von Scham«, sagte Sybille Seeger. Während andere Kinder nach Markenklamotten griffen, musste sie die Kleider irgendwelcher Cousinen auftragen. Urlaub gab es nicht, Taschengeld auch nicht. »Wir haben auch nichts für uns«, sagten die Eltern, wenn Sybille nach ein paar Mark für sich fragte. Es war klar, dass sie lediglich die Hauptschule besuchen würde, denn für eine weiterführende Schule fehlte das Geld. »Ich habe dann eine Friseurlehre gemacht«, erzählte sie im Coaching, »ich bin ausgezogen und habe genauso ärmlich weitergelebt. Es ist mir gar nicht in den Sinn gekommen, dass ich den Weg meiner Eltern weitergehe, ohne es eigentlich zu wollen.«

Sie kam ins Coaching, um endlich ihren eigenen Weg zu definieren. Heute macht sie ihren Meister und plant, einen eigenen Salon in guter Lage zu eröffnen. »Ich will mehr erreichen als meine Eltern. Ich will meinen Kindern einmal mehr anbieten, ohne aber ins andere Extrem zu fallen. Ich will leben *und* Geld haben.« Der Gedanke, selbst einmal Chefin sein zu können und die Chance auf einen deutlich höheren Lebensstandard zu haben, war für sie ein großer Durchbruch.

Beide Beispiele zeigen typische Reaktionen auf das Erbe der Eltern. Wenn die Eltern Geld hatten, tun die einen so, als ob Geld gar nichts bedeuten würde, und sorgen für chronische Finanzknappheit. Die anderen folgen genau der Spur ihrer Eltern. Wenn diese sich selbst zum Beispiel nichts gönnten, gönnen sie sich auch nichts. Beide Reaktionen sind meiner Meinung nach ein Zeichen dafür, dass ein Mensch sein eigenes, stimmiges Geldbewusstsein noch nicht gefunden hat. Ich halte es deshalb für sehr wichtig, sich des eigenen Familienerbes nicht nur bewusst zu werden, sondern auch zu entscheiden, was man davon endgültig hinter sich lassen und was man weiter fortführen möchte.

Als wir zum Beispiel das Familienerbe Sybille Seegers im Coaching aufteilten, entschied sie sich: »Die ewige Bescheidenheit nehme ich nicht mehr an. Aber den Fleiß und die Haltung, sich nicht unterkriegen zu lassen, auch wenn es einmal schwer ist, das will ich beibehalten!«

Torsten Hagemann entwickelte in mehreren sehr intensiven Übungen ein starkes Gefühl von Verbundenheit mit der Tradition seiner erfolgreichen Vorväter. Er schloss sich innerlich an die Erfolge seiner Familie an, stellte sich ganz bewusst in diese Tradition und entwickelte eine eigene, zu ihm passende Strategie, mit Geld gut umzugehen.

Wie geht es Ihnen? Welchen Teil Ihres Familienerbes möchten Sie übernehmen, welchen nicht? Welche Einstellungen und Verhaltensweisen finden Sie auch heute gut und hilfreich? Welche dagegen hindern Sie an Ihrem eigenen Weg?

Alte Strategien wegwerfen oder recyceln

Was wir als Erbe unserer Eltern und Großeltern auf jeden Fall loslassen können, sind: ungerichtete Existenzängste, Katastrophenstimmung, die Unfähigkeit, auch nur das geringste Risiko einzugehen, und die Bereitschaft, zugunsten eines angeblich sicheren Arbeitsplatzes auf ein erfülltes Berufsleben zu verzichten. Diese Punkte gehören nämlich in das Kapitel »German Angst«. Was aber macht man mit Werthaltungen, die heute gar nicht mehr angemessen erscheinen? Sollte man sie unbesehen über Bord werfen?

Es gab Zeiten im Leben unserer Vorfahren, da waren die Schlüsse, die sie über sich selbst und das Leben zogen, richtig und angemessen. In unserem Leben und in unserer Zeit sind sie es aber unter Umständen nicht mehr. Wir können sie entweder ganz aus unserem Denken und Handeln streichen oder umdeuten und für uns verwendbar machen.

»Meine Oma war immer ganz stolz, wie dünn die Kartoffelschalen waren, die sie geschnitten hat«, erzählte eine meiner Klientinnen. »Sie hat mir jedes Mal, wenn ich als Kind bei ihr war, ganz stolz die dünnen Scheiben und die nahezu unversehrten Kartoffeln gezeigt. Ich fand das immer sehr komisch und irgendwie kleinlich.«

Wir hatten zu diesem Zeitpunkt bereits einen nicht ganz einfachen Familienweg nachgezeichnet und waren jetzt auf der Suche nach den guten und angemessenen Strategien.

»Natürlich muss ich heute die Kartoffeln nicht mehr so schälen und ich muss auch nicht mehr alles aufessen, was auf den Tisch kommt. Aber ich finde es gut, nicht verschwenderisch mit wertvollen Dingen umzugehen.« Wir sammelten daraufhin Situationen, in denen die »Kartoffelschälstrategie« in ihrem heutigen Leben gut und hilfreich war. Wir fanden zu unserer Überraschung viele gute Beispiele: Sie lernte, ihre Einkäufe besser zu planen und Dinge, die sie nicht mehr brauchte, zu verkaufen, statt einfach nur wegzuwerfen. Auf diese Weise hatte sie nach einem Vierteljahr 600 Euro mehr in der Tasche und sich einen neuen, sparsamen Einkaufsstil erarbeitet. Ihr Fazit: »Sparsamkeit ist ja gar nicht Kleinlichkeit, sondern der wertschätzende Umgang mit Ressourcen. Für meine Oma war eine Kartoffel in den Hungerjahren nach dem Krieg das Wertvollste, was es gab.«

> Welche Erfolgsstrategien aus Ihrer Familie ließen sich heute recyceln? Welche Vorteile würde das für Sie bringen?

Ein Kapitel für sich: Familie, Frauen und Geld

Wenn ich an meine Kindheit denke, erinnere ich mich daran, dass sich bei Familienfeiern nach dem Essen die Männer in das Wohnzimmer meiner Großeltern zurückzogen und die Frauen und Kinder sich um den Abwasch zu kümmern hatten. Als ich meine Mutter einmal fragte, warum wir denn nicht mit hineindürften zu den Männern, sagte sie: »Die Männer sprechen über Geschäfte und Geld, da wollen sie uns nicht dabeihaben.« Geld war in meiner Kindheit Männersache.

Die Mutter einer Freundin von mir bekam wie viele Frauen ihrer Generation monatlich Haushaltsgeld. Wenn sie aber das Haushaltsgeld erhöht haben wollte, musste sie ihrem Mann anhand der Preissteigerungstabellen in der *Frankfurter Allgemeinen Zeitung* nachweisen, dass die Lebenshaltungskosten gestiegen waren. Für sich selbst bekam sie Taschengeld. Genau wie ihre Kinder. So etwas war für mich und meine Freundin selbstverständlich. Sehr viele verheiratete Frauen und Mütter hatten in der Bundesrepublik bis weit in die 70er-Jahre des 20. Jahrhunderts keinen Zugriff auf das Konto ihres Mannes und besaßen keinerlei Übersicht über das gemeinsame Vermögen. Oft wurde erst im Fall eines Bankrotts oder aber einer Scheidung klar, wie die wirkliche finanzielle Situation war, für die sie natürlich zu haften hatten.

Obwohl ich mich als junge Frau über diese Praxis geärgert habe, habe ich viele Jahre noch an dem Thema Versorgtwerden geknabbert. Irgendwie bin ich bis ins Erwachsenenalter davon ausgegangen, dass andere, zumindest im Notfall, mein Leben finanzieren werden. Meine Mutter war finanziell nicht selbstständig. Und ich war es innerlich auch nicht. Ich werfe ihr das nicht vor, denn eine ganze Generation lebte nach diesem Modell und im Niederbayern der 70er-Jahre kamen mir erwerbstätige Frauen vor wie Marsmenschen. Während mein Bruder früh damit begann, Geld zurückzulegen, weil er nicht damit rechnete, versorgt zu werden, lebte ich viel sorgloser und setzte mich gleichzeitig großen Existenzängsten aus. Es hat mich viel Zeit und Geld gekostet, mich von dem Gedanken, dass andere für mich sorgen, zu verabschieden. Zunächst kam es mir vor, als ob ich mich einem kalten Wind aussetzen würde, aber dann habe ich gespürt, wie gut mir meine Selbstverantwortung tut. Ich habe damit eine Freiheit gewonnen, die vorher nicht möglich schien. Denn man zahlt, so hart das ist, für alles einen Preis. Auch Versorgtwerden hat einen Preis.

Bis heute fällt mir dieser Unterschied selbst bei sehr jungen Männern und Frauen auf. Die jungen Männer kommen zu mir ins Coaching und fragen, mit welchem Beruf sie ordentlich Geld verdienen können. Die Frauen fragen eher, was ihnen Spaß machen könnte, egal was dabei herumkommt. Viele gehen schon mit 19 davon aus, dass sie mit 30 aufhören werden zu arbeiten. Geld spielt anscheinend keine Rolle. Das wird bei vielen Frauen erst in den Vierzigern relevant, wenn die Ehen eventuell gescheitert sind und die Frauen ihren vergleichsweise bescheidenen Lebensstandard und die Versorgungslücken der Zukunft erkennen. Ich bin großer Hoffnung, dass sich immer mehr Frauen frühzeitig um ihre finanzielle Zukunft kümmern und sich dafür interessieren, womit sie wie viel verdienen können. Ich bin sehr zuversichtlich, dass sie erkennen, welchen neuen Spielraum sie damit gewinnen und um wie viel sicherer und gleichzeitig erfüllter ihr Leben damit werden kann.

Welche Erfahrungen haben Sie selbst mit dem Thema »Geld«? Wie wurde in Ihrer Kindheit darüber gesprochen? Was haben Ihre Eltern Ihnen vorgelebt? Was haben Sie Ihnen beigebracht? War Ihre Mutter finanziell unabhängig? Welches Verhältnis hatte Ihr Vater zum Thema »Geld und Wohlstand«? Wurde über Geld gesprochen? In welcher Weise? Oder war es ein Tabu? Wie haben Sie bemerkt, dass es ein Tabu ist?

Das Nachdenken über die eigene Geschichte ist für viele Menschen anstrengend. In meiner Arbeit achte ich deshalb sehr darauf, meine Klienten auf die Ressourcen aufmerksam zu machen, die ihnen bereits zur Verfügung stehen. Wir konzentrieren uns dann auf die Überlebensfähigkeit, die ein Mensch bereits bewiesen hat und die ihm Vertrauen in sich selbst und die Welt geben kann.

Wir haben jetzt viele störende Muster und deren Ursachen kennengelernt. Aber wie sieht nun ein stimmiges Verhältnis zu Geld aus, wenn selbst reiche Menschen so oft Beispiele hindernder Muster sind?

Wahrer Wohlstand

Wenn Geld und Wohlstand ein Ziel in unserem Leben sind, dann sollten wir genauer bestimmen, um welche Art von Wohlstand es geht. Ich habe oben einige Beispiele für das genannt, was ich »falschen Reichtum« nenne. Falscher Reichtum kaschiert und kompensiert persönliche und emotionale Mängel eines Menschen. Er ist Ersatz für ein Gefühl von Selbstwert, Selbstsicherheit und Geborgensein in der Welt. Um diesen Reichtum geht es nicht, wenn Sie ein gutes Verhältnis zu Geld und Wohlstand bekommen wollen.

Es geht nicht einmal um einen genauen Betrag, obwohl die aktuelle Vermögensforschung ein frei verfügbares Vermögen von drei Millionen Euro ansetzen würde:[6] Von diesem Geld lässt sich bei durchschnittlicher Verzinsung allein von den Zinsen überdurchschnittlich gut leben. Ich denke, dass wahrer Wohlstand bei jedem Menschen selbst anfängt und dass es für jeden Menschen den genau passenden Wohlstand gibt. Dieser macht sich nicht an Zahlen oder einem bestimmtem Besitz fest, sondern ist sehr individuell. Was Wohlhabende verbindet, ist jedoch ein bestimmtes Ethos von sich selbst, von der Arbeit und vom Leben. Darauf kommt es neben einer eigenen Geldkultur und einem wohlstandsgerechten Lebensstil an.

Wahrer Wohlstand braucht kein Geld, um sich selbst und anderen etwas zu beweisen oder etwas zu kaschieren. Er hat seine Wurzeln nicht in psychischen Mangelerscheinungen. Menschen, die über wahren Wohlstand verfügen, ruhen in sich, strahlen eine organisch gewachsene, gereifte Persönlichkeit aus. Sie verstecken sich nicht und stellen sich auch nicht zur Schau. Sie sind bestimmt nicht perfekt, aber das Geld und der Besitz, über den sie verfügen, hat etwas mit ihnen als Persönlichkeit zu tun. Wenn er ererbt ist, ist er so verändert, dass er die Philosophie der neuen Generation spiegelt und zu seinem neuen Besitzer passt. Oder er ist selbst erarbeitet und damit die Frucht des eigenen Geistes und der eigenen Hände. Menschen mit wahrem Wohlstand haben deshalb ein enges, gutes und freudig-entspanntes Verhältnis zu ihrem Vermögen, so wie ein guter Vater oder eine gute Mutter ein gutes Verhältnis zu den eigenen Kindern hat. Der Wohlstand wird behütet und vermehrt, ohne zum einzigen Fixpunkt des Lebens zu werden.

Menschen, die wahren Wohlstand genießen, verhalten sich zu ihrem Besitz tatsächlich wie gute Eltern. Sie gehen mit materiellen Werten weder überbesorgt und behütend noch vernachlässigend um. Wohlstand gehört ganz natürlich zu ihrem Leben. Manchmal müssen sie sich konzentriert darum kümmern, aber manchmal macht er ihnen vor allem Freude und gibt ihnen ein Gefühl von Sicherheit und Geborgenheit in diesem Leben. Sie wissen, was Geld ihnen ermöglicht, nämlich

- Freiheit
- Möglichkeiten
- Sicherheit
- Genuss
- Großzügigkeit

Sätze, die Menschen mit wahrem Wohlstand sagen, sind zum Beispiel:

- Ich bin okay, so wie ich bin. Und andere sind es auch.
- Ich traue mir etwas zu. Ich kann etwas.

- Meine Ideen, Gedanken und Fähigkeiten sind wertvoll für mich und für andere.
- Ich habe es verdient, ein glückliches Leben in Wohlstand, Freiheit und Sicherheit zu leben.
- Ich achte mich selbst und weiß, dass ich wie jeder Mensch liebenswert bin.
- Ich kenne meine Stärken und Fähigkeiten gut.
- Ich bin in der Lage, selbst für mich zu sorgen.
- Ich gehe bewusst und schonend mit meinen finanziellen und persönlichen Ressourcen um.
- Ich bekomme mein Leben auf die Reihe.
- Ich weiß, was mir guttut, und ich sorge dafür.
- Ich habe einen persönlichen Traum, eine Vision.
- Ich kann Verantwortung übernehmen, ohne mich selbst zu vergessen.
- Ich finde, die Welt ist ein aufregender Ort, an dem es sich lohnt zu leben.
- Ich bin neugierig auf andere Menschen und erwarte mehr Gutes von ihnen als Schlechtes.
- Mein Leben passt so, wie es ist.
- Ich stehe morgens gerne auf. Ich freue mich auf jeden Tag.
- Ich habe ein offenes Ohr für andere Menschen, vergesse aber nicht, was ich mir vorgenommen habe.
- Mein Beruf erfüllt mich und ernährt mich gut.
- Ich freue mich auf meine Zukunft. Ich sorge dafür, dass es mir gut gehen wird.
- Ich lebe sehr bewusst. Ich weiß, was ich fühle, was ich denke und was ich will. Ich weiß, was ich tue und was ich lasse.

Gibt es solche Menschen wirklich? Es gibt sie. Und jeder von uns kann ein solcher Mensch werden. Viele sind zu wahrem Wohlstand gekommen, nachdem sie ihre alten Störungsmuster erkannt und verändert haben. Die meisten von ihnen haben ihren Wohlstand selbst erarbeitet, indem sie ihrer ureigenen Berufung gefolgt sind. Sie haben eigene Unternehmen gegründet oder einfach die Stelle gesucht und gefunden, die wirklich zu ihnen passt. Sie beschäftigen sich Tag für Tag mit den Themen, die ihnen persönlich wirklich am Herzen liegen. Das Geld entspringt nicht einer seelenlosen Selbstausbeutung, sondern einer Tätigkeit, die ihnen am meisten Erfüllung und Sinn verschafft.

Elena Mühlbauer ist eine dynamische Frau Mitte 50, die sich ihren Lebenstraum erfüllt hat. Sie stattet die Häuser wohlhabender Menschen aus. »Ich umgebe mich jeden Tag mit schönen Dingen«, sagt sie, »es ist einfach ein Traum.« Sie ist in ihrem Beruf so erfolgreich, dass sie den Herbst und das Frühjahr in ihrer eigenen Finca auf Mallorca verbringen kann. »Ich habe auch dort neue Kunden gefunden und bin auf Mallorca genauso aktiv wie in Deutschland.« Elena Mühlbauers Hobby ist die Bildhauerei. »Ich habe jetzt endlich Zeit dafür. Ich kann mir die Kunden aussuchen, verdiene genug und kann immer sagen, wenn ich mehr Zeit für mich, meine Familie und die Bildhauerei brauche.«

Früher hat Elena Mühlbauer in einem Stoffgeschäft in Düsseldorf gearbeitet. »Ich habe mich für meinen Chef abgeplagt und fast nichts verdient«, sagt sie. »Dann habe ich es endlich gewagt und meine Begabung ernst genommen. Ich habe mich selbstständig gemacht und mich gefragt, was ich wirklich machen möchte: Antiquitäten in der ganzen Welt für anspruchsvolle Kunden suchen und aus ihren Häusern Traumorte machen.«

Was der Schlüssel ihrer persönlichen Lebensveränderung in Richtung wahrer Wohlstand war? »Ich habe immer weniger Kompromisse gemacht und genau darauf geachtet, was ich will, was ich kann und was ich wert bin. Ich wollte mich mit Schönheit umgeben, auch in meinem eigenen Zuhause. Dazu musste ich selbst Geld haben. Als mir das klar war, wusste ich, dass ich dafür sorgen würde. Ich habe doch nur dieses eine Leben!« Ihre große Hürde war zunächst, sich selbst zuzutrauen, dass sie in der Welt der Wohlhabenden »etwas zu suchen habe«, wie sie sagt. »Ich musste mir zuerst selbst zugestehen, dass ich ein Recht habe, mich nicht kleinzumachen und zu sehen, dass auch Reiche nur Menschen sind und ich es durchaus verdient habe, mit ihnen auf Augenhöhe zu tun zu haben. So merkwürdig das klingt, aber ich habe mich vorher furchtbar kleingemacht.«

Das war die halbe Miete. Dann ging eine große Erfolgsstory los. »Ich habe schnell gelernt, dass ich eine außergewöhnliche Fähigkeit habe, als Einrichtungsberaterin meine Kunden sehr zufriedenzustellen, ja zu begeistern. Und für diese Fähigkeit habe ich eines Tages den angemessenen Preis verlangt. Ich kam nach und nach in Resonanz mit der Schicht, für die ich arbeiten wollte. Es hat geklappt. Ich werde auch privat eingeladen und lade mir gerne Gäste in mein schönes Haus ein. Seitdem ist meine Welt voller Energie. Nicht jeder Tag ist ein Wunder, aber insgesamt ist mein Leben wunderbar.«

Für Dr. Matthias Schell war es eine ganz andere Erkenntnis, die ihn vom falschen in den wahren Wohlstand gebracht hat. »Ich habe als Gynäkologe 60 Stunden in meiner Praxis gearbeitet. Draußen auf dem Parkplatz stand ein Porsche, aber drinnen in der Praxis schuftete ein

Wrack. Eines Tages hat mich ein befreundeter Kollege angesprochen. Er meinte, wenn ich so weitermachen würde, wäre ich bald unter der Erde.«

Matthias Schell änderte etwas. »Ich reduzierte meine Arbeitszeit radikal und nahm eine junge Ärztin mit in die Praxis. Ich begann wieder zu leben. Ich fahre ein Peugeot Cabrio, das einen Bruchteil des Porsches gekostet hat, und genieße es viel mehr, weil ich endlich Zeit habe, Ausflüge mit meiner Frau zu machen. Das war vorher gar nicht drin.« Es gab noch andere positive Auswirkungen des neuen Lebenswandels: »Ich muss zugeben, dass ich erst nach diesem Einschnitt meine Kinder richtig kennengelernt habe. Vorher zählten nur die Schulnoten, der Sport, Ergebnisse eben. Für die Menschen, meine eigenen Kinder, war keine Zeit. Heute habe ich ein sehr enges Verhältnis zu meinen Söhnen. Ich weiß, was sie bewegt, und ich glaube, ihnen jetzt ein wirklicher Vater zu sein. Es gibt nichts Schöneres!«

Das ist es, was ein gutes Verhältnis zu Geld und Wohlstand ausmacht: Zu wissen, was man wirklich braucht. Die Einnahmen zu erhöhen und für einen guten Lebensstil zu sorgen, wenn das wichtig ist. Aber auch runterzuschrauben, wenn Geld und Arbeit einen aufzufressen drohen.

»Das Geheimnis echten Reichtums ist Effizienz,« sagte einmal ein sehr wohlhabender Mann zu mir. »Es geht darum, mit dem Einsatz seiner Lebenszeit die für einen selbst optimalen Ergebnisse zu erreichen. Keine Zeit mit zu schlecht bezahlten Tätigkeiten verschwenden, sondern daran arbeiten, ein persönliches Optimum zu verdienen.« Ein Optimum, wohlgemerkt, nicht unbedingt ein Maximum.

»Ein Optimum«, sagte er, »ist das, was du mit deinen Fähigkeiten und deinem Potenzial erreichen kannst, ohne dich kaputt zu machen.« Weise Worte, finde ich, die wir noch ausführlich betrachten und in eine neue, stimmige Geldstrategie einbauen werden.

Arbeit, Genuss und Geldanlage nach eigenen Werten

Wahrer Wohlstand bedeutet, dass man den eigenen Besitz bewusst nach den eigenen Werten und den Neigungen seiner Persönlichkeit erarbeitet, genießt, verwaltet und investiert.

Menschen in wahrem Wohlstand leben ihr Leben gemäß klarer, persönlicher Werte mit hoher Integrität und hohem Verantwortungsgefühl sich selbst und anderen gegenüber. Verantwortung sich selbst gegenüber heißt, dass der Wohlstand nicht auf Kosten des eigenen Lebens und der persönlichen Integrität erwirtschaftet wurde. Menschen, die sich wahren Reichtum erarbeiten, wissen, dass ihre Gesundheit, ihre Familie und Lebensfreude mehr wiegen als eine Null mehr am Ende der Vermögenszahl.

Sie gönnen anderen Wohlstand und Erfolg, sie fördern sich selbst und andere, sie setzen sich für höhere Ziele ein. Sie haben ein positives Verhältnis zu sich selbst und ihrem Leben. Sie sind selbstbewusst, ohne selbstzufrieden oder arrogant zu sein. Sie wissen, was sie können. Sie wissen, was ihre Fähigkeiten wert sind, und sie haben ein gutes Verhältnis zur Welt.

Wahre Reiche wissen, was gut für sie ist, was sie brauchen und was für sie überflüssiger Firlefanz ist. Die Schwerpunkte dafür sind wiederum ganz individuell. Vielleicht ist es für den berühmten Musiker Sir Elton

John tatsächlich *der* Wohlfühlfaktor seines Lebens, jeden Monat Blumen für mehrere Hunderttausend Pfund zu kaufen. Vielleicht tut es aber auch ein Reihenhäuschen oder eine schöne Mietwohnung an dem Ort, an dem man wirklich leben will. Niemand kann das von außen beurteilen. Aber der Mensch, der den Wohlstand genießt, weiß tief drinnen genau, was authentisch ist und was nicht.

Menschen in wahrem Wohlstand bringen ihren Kindern frühzeitig bei, ein ebenso gutes Verhältnis zu Geld zu bekommen. Es liegt ihnen am Herzen, dass ihre Kinder Verantwortungsbewusstsein genauso lernen wie die Fähigkeit, Wohlstand authentisch zu genießen. Ihr persönliches Wachstum ist auch im Alter noch nicht abgeschlossen und sie tragen mit großer Achtsamkeit Sorge dafür, was mit ihrem Vermögen geschehen soll, wenn sie einmal nicht mehr leben. Sie verzichten darauf, ihre Nachkommen zu betrügen, zu »kaufen« oder gegeneinander auszuspielen. Stattdessen leben sie ihren letzten Lebensabschnitt mit dem guten Gefühl, der Nachwelt etwas Wertvolles und Gutes zu hinterlassen. Sie sehen in ihrem Wohlstand wie in ihren Kindern die Früchte ihres Lebens und freuen sich, wenn diese nach ihrem Tod weiter gedeihen.

Wahrer Wohlstand kommt von innen

Was ist die Essenz aus dem Wissen um wahren und falschen Wohlstand?

Wenn wir das Wachstum unseres Wohlstandes mit dem Wachstum unserer Persönlichkeit verbinden, haben wir die Chance auf wahren Wohlstand. Und dieser Wohlstand macht tatsächlich glücklich. Er umfasst unser ganzes Wesen, eröffnet eine Vielzahl von ungeahnten Möglichkeiten in unserem Leben und trägt dazu bei, dass die Welt ein Stück besser wird. Wahrer Wohlstand setzt ein gutes Verhältnis zu uns selbst und zu unserer Außenwelt voraus. Diese Art von Reichtum ist uneingeschränkt gut und erstrebenswert. Und nur um diese Art von Reichtum geht es in diesem Buch.

SO VERDIENEN SIE, WAS SIE VERDIENEN

Der Welt und dem Leben vertrauen

Wir haben jetzt die Muster kennengelernt, die uns dazu bringen können, beim Thema Geld unpassende, falsche Verhaltensweisen an den Tag zu legen. Was können wir tun? Die Antwort ist im Prinzip einfach: Ein positives Weltbild ist die eine Säule eines guten Verhältnisses zu Geld. Die andere ist ein gutes Selbstwertgefühl. Wir können beides lernen, unser Verhältnis zu Geld damit optimieren und uns zu ganz neuen finanziellen Ufern aufmachen.

Wir haben gesehen, dass Menschen, die der Außenwelt kritisch oder gar ängstlich und feindselig gegenüberstehen, häufig finanzielle Probleme haben. Entweder bleiben sie am unteren Limit ihrer Möglichkeiten oder sie erreichen falschen Wohlstand, der von den Mangelerfahrungen der eigenen Persönlichkeit gespeist ist.

Glauben wir also, dass die Welt ein sicherer Ort ist, an dem eine Menge Glück, Abenteuer und Wohlstand auf uns wartet? Oder glauben wir, dass die Welt ein unsicherer Platz ist, an dem es vor allem darum geht, sich vor Unheil zu schützen?

Nur wenn wir überzeugt sind, dass außerhalb unserer vier Wände gute Chancen und hilfreiche Begegnungen auf uns warten, können wir unser finanzielles Potenzial voll entfalten. Wir brauchen für unseren nachhaltigen Erfolg das Vertrauen darauf, dass die Welt ein guter Ort ist, in dem wir unsere Träume verwirklichen können.

Ein positives Weltbild erkennen wir an Sätzen und Verhaltensweisen wie:

- Ich freue mich auf den Tag da draußen – mal sehen, was heute Schönes auf mich wartet.

- Jedes Lebensjahr bringt mir neue Erfolge und wunderbare Begegnungen.
- Mein Leben wird immer besser.
- Die Zeiten waren noch nie so gut und sie werden noch besser.
- Ich mache das Beste aus den Chancen, die sich mir bieten.
- Ich bin abenteuerlustig und freue mich über jeden Tag und jedes Jahr meines Lebens.
- Diese Welt ist das Schönste, was es gibt.
- Ich bin dankbar dafür, hier und jetzt leben zu dürfen.
- Ich freue mich darauf, meine Potenziale voll auszuschöpfen.
- Wer bist du? Ich interessiere mich für dich, für neue Menschen in meinem Leben.
- Was kann ich für dich, was kann ich für andere tun? (Ohne mich dabei selbst zu vergessen oder zu verleugnen.)

Menschen mit einem positiven Weltbild stehen am Montagmorgen gerne auf, sie führen ein aktives, ausgefülltes Leben und sorgen gleichzeitig für genügend Ruhe- und Mußepausen. Sie achten ganz von selbst auf die Natur, weil sie wissen, dass ihre Umgebung das Biotop ist, in dem sie wachsen und gedeihen können. Sie sind gern gesehene Gesprächspartner, weil sie mit ihrem ehrlichen, an der Realität orientierten Optimismus andere Menschen inspirieren und an ihrer Lebensfreude teilhaben lassen. Sie bieten und nehmen Hilfe ganz natürlich an. Damit sorgen sie täglich für ein starkes Selbstwertgefühl. Denn ein gut entwickeltes Gefühl für den eigenen Wert und die eigene Autonomie steht in enger Beziehung zu »Freundlichkeit, Großzügigkeit, sozialer Kooperationsbereitschaft und einem Geist gegenseitiger Hilfestellung«, wie Nathaniel Branden bemerkt hat.[7]

Was hält Menschen davon ab, etwas zu wagen in ihrem Leben und damit die Chance auf hohe Gewinne zu haben? In meinen Coachings und Seminaren arbeite ich gerne mit dem »Dreizonenmodell«, das ich auf einem der hoch motivierenden Vorträge von Sabine Asgodom[8] kennengelernt habe.

Komfortzone – Risikozone – Panikzone

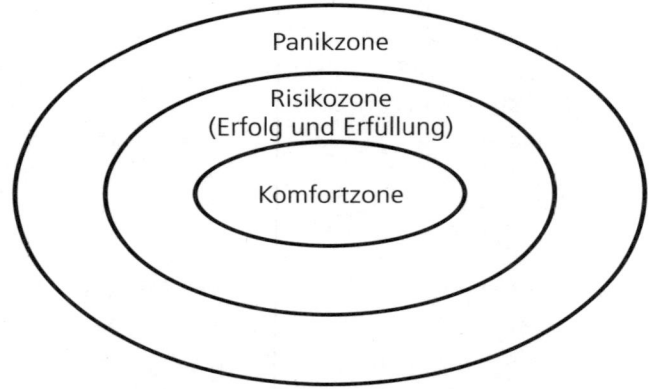

Viele Menschen verbringen ihr Leben auf ihrer »inneren Couch«, in ihrer Komfortzone, wo sie alles kennen und im Griff haben. Das Leben in dieser Komfortzone ist verführerisch. Es schützt uns vor neuen, unangenehmen Erfahrungen, vor Bedrohung und Ängsten. Im Stillen fürchten wir nämlich, dass wir direkt in die Panikzone kommen, wenn wir uns aus unserer Komfortzone herausbewegen. Ich bin mir sicher, dass diese Angst ein Phänomen unserer Kindheit, unserer Familiengeschichte und unserer Kultur ist. Dazu kommt eine neurobiologische Komponente, die besagt, dass jede Art von Veränderung Stress und damit unerwünschten Energieverbrauch auslöst. In Zeiten, in denen die Nahrungsmittel knapp werden, haben diejenigen Lebewesen einen Vorteil, die möglichst energiesparend leben. Aber das ist eine Gratwanderung, für die die Natur gerade beim Menschen eine Alternative anbietet: Wenn die Lebensbedingungen allzu schlecht werden, können wir Menschen uns sehr wohl aufraffen, uns erstaunlich gut verändern und auf neue Bedingungen einstellen. Diese hohe Veränderungsfähigkeit hat es der Spezies Mensch erst möglich gemacht, sich in der Evolution durchzusetzen und heute sowohl in einem Iglu im ewigen Eis als auch in der Wüste zu leben.[9]

Raus aus der Komfortzone!

Wir haben von unseren Vorfahren die grundsätzliche Fähigkeit mitbekommen, uns aus der Komfortzone herauszubewegen. Aber selbst die Urahnen taten das nur ungern, wenn sie draußen vor der Höhle einen Säbelzahntiger vermuteten. Übertragen wir dieses Bild auf unsere heutige Lebenswelt, dann bleiben wir lieber auch in unserer Höhle und verhungern emotional und psychisch, wenn wir uns aus Angst und Misstrauen nicht herauswagen. Heute sind aber keine Säbelzahntiger mehr unterwegs, und selbst wenn, müssten wir raus, um uns etwas Essbares zu suchen. So haben es auch unsere Vorfahren gemacht. Sie haben sich vergewissert, so gut es ging, und haben sich dann auf die vielen schönen Beeren und Früchte gefreut, die da draußen auf sie warteten.

Mich beruhigt und stärkt es, mir vorzustellen, dass einer meiner Urururvorfahren vor vielen Tausend Jahren den Mut hatte rauszugehen, um zu leben. Wenn es damals möglich war und meine Existenz heute eine Folge dieses Mutes ist, dann sehe ich es als Ehrensache an, mich unter den paradiesischen Umständen des 21. Jahrhunderts in die Risikozone zu wagen, in der sich der aufregende Teil unseres Lebens auch heute abspielt.

Das wahre Leben in der Risikozone

Die Risikozone ist der Bereich des Lebens und der Welt da draußen, in der wir Neues entdecken, in der wir Unbekanntes ausprobieren, uns der Welt stellen, ihr unseren Stempel aufdrücken und von ihr beeinflusst werden. Wir sind heute nicht mehr die gleiche Person, die wir vor zehn Jahren waren. Dazwischen liegt nicht nur eine Dekade unserer persönlichen Entwicklung, sondern auch eine Dekade, in der wir uns mit der Welt konfrontiert haben, in der andere Menschen uns beeinflusst und mitgeformt haben. Durch uns hindurch lebt die ganze Welt und jeder von uns ist, wie es einige Philosophen sagen, tatsächlich ein ganzes Universum.

In der Risikozone warten, wie der Name schon sagt, Risiken auf uns. Risiken, sehr Gutes zu erleben, erfolgreich zu sein, es zu schaffen, sich zu beweisen, glücklich und präsent in diesem Leben zu sein. Es warten aber auch Misserfolge, Enttäuschungen und manchmal harte Arbeit auf uns. Das eine ist ohne das andere nicht zu haben. Nur wenn wir das Risiko eingehen, auch einmal zu scheitern, können wir gewinnen. Denn beides liegt in einem Lebensbereich. Und dieser Lebensbereich ist nicht drinnen, wo wir uns auskennen und die Chefs sind, sondern draußen, wo Neues und Unbekanntes genauso seinen Platz hat wie die bekannten Herausforderungen und Begegnungen.

Selbstverständlich braucht jeder Mensch weiterhin seine ganz persönliche Komfortzone. Sie ist der Rückzugspunkt, an dem wir uns ausruhen und regenerieren, um dann wieder neue Erfahrungen zu machen, die uns das Leben spüren lassen. Eine dauerhafte Existenz in der Komfortzone aber lässt uns degenerieren, abschlaffen, einsam, depressiv und meist auch finanziell schwach oder engherzig werden.

Einer meiner Klienten hatte eine Menge Geld zurückgelegt. Er arbeitete fast Tag und Nacht, wirkte freudlos, schmal und eingefallen, obwohl er erst Ende 30 war. Ich empfahl ihm, bis zu unserem nächsten Treffen etwas wirklich Verrücktes mit einem Teil seines Geldes zu machen.

Als er beim nächsten Mal vor der Tür stand, war er wie ausgewechselt. Er war förmlich aufgeblüht, hatte einen frischen Teint und seine Augen sprühten vor Energie. »Ich habe das Verrückteste gemacht, was ich mir vorstellen konnte. Ich habe mir eine Woche Wellnessurlaub in einem Ayurvedahotel gegönnt und keine Arbeit mitgenommen.« Nun, für ihn war das Wellnesshotel, in dem nur relaxt wurde, tatsächlich ein wilder Ausflug aus seiner Büro-Komfortzone.

»Und?«, fragte ich, »es scheint Ihnen sehr gut bekommen zu sein.«

»Und ob«, lachte er, »ich habe mich zum ersten Mal richtig entspannt bei diesen wunderbaren Massagen und habe mich heftig in eine Frau verliebt, die auch allein im Urlaub war.« Er strahlte über das ganze Gesicht.

In Resonanz mit der Welt gehen

Eine der ganz wesentlichen Erfolgsregeln, deren Gültigkeit ich in meiner Arbeit mit Menschen aus allen Berufen immer wieder bewiesen sehe, ist die Fähigkeit, in Resonanz mit der Welt zu gehen. Was beschäftigt meine Mitmenschen? Welche Wünsche und Sehnsüchte liegen in der Luft? Welche Bedürfnisse haben andere und wie passen diese mit meinen Fähigkeiten zusammen? Menschen mit einem guten Weltbild gehen ganz von selbst in Resonanz mit der Welt. Sie spüren und sehen, was ihre Umgebung braucht, bieten dazu etwas an und profitieren von diesem Austausch.

Elena Sandow war eine begabte, aber finanziell erfolglose Fotografin, als wir uns zum ersten Mal begegneten. Sie war Ende 20 und fest davon überzeugt, dass die Welt ihre Kunst einfach nicht würdigen wolle, obwohl sie doch mehr drauf habe als all die Blender auf dem Fotografenmarkt. Ich fragte sie, was die erfolgreichen von den erfolglosen Fotografen unterscheiden würde. Sie antwortete: »Um in unserem Bereich hochzukommen, muss man sich prostituieren oder ein Arschloch werden.«

Damit war gesagt, was sie von ihrer Umgebung und den Menschen, mit denen sie ihr Geld verdienen wollte, hielt. Ich fragte sie geradeheraus, wie sie denn jemals Erfolg haben wolle, wenn sie denke, man müsse eine Prostituierte oder ein Arschloch werden, um als Fotografin Erfolg zu haben. Sie zuckte die Schultern und wusste selbst nicht weiter.

Wir verabredeten uns für den nächsten Termin in ihrem Atelier. Ich wollte sehen, wie ihr Verhältnis zu ihrem Werk und ihrer engsten Umgebung war, um die passenden nächsten Schritte zu planen. Was ich sah, war mehr als bedenklich. Ihre Wohnung war vollgestellt mit Büchern, Kisten und Sperrmüll. Sie hauste in einer Fabrikhalle, die eigentlich nicht zur Wohnung taugte. An einer Wand hingen ihre Fotografien, die sie liebevoll gerahmt hatte. Auf den Bildern sah man entwurzelte Menschen, Alkoholiker, Obdachlose, Drogenabhängige. Kein Zweifel, dass ihre Bilder relevante Themen zeigten, aber es war klar, dass sie damit schwer Geld verdienen konnte – es sei denn, als Reporterin oder als Sozialfotografin. Dann hätten wir aber eine vollkommen neue Berufs- und Öffentlichkeitsstrategie entwerfen müssen. Ich beschloss, an einem früheren Punkt anzusetzen. Denn mein Verdacht, dass sie ein deutliches »Ich habe es nicht verdient«-Muster, verbunden mit »Die Welt ist schlecht«, lebte, bestätigte sich im Laufe unserer Gespräche.

Ich schlug Elena Sandow vor, in Resonanz mit der Welt zu gehen. Zunächst sah sie mich nur verständnislos an, also sagte ich ihr: »So, wie Sie leben, und das, was Sie auf Ihren Bildern darstellen, zeigen Ablehnung, Wut und Hass auf die Welt.« Mir war klar, dass das eine sehr subjektive und provokative These war. Ich bat sie, als Experiment mit ihrer Kamera durch die Straßen zu gehen und so zu tun, als ob sie die Welt lieben würde. Ebenso sollte sie sich bei Galerien und Fotoagenturen vorstellen und davon ausgehen, dass dort nur nette, freundliche, ihr wohlgesonnene Menschen arbeiten würden. Wir übten diese Haltung und das dazu passende Auftreten im Coaching ein. Sie willigte nur ein, weil ich ihr versprach, dass es sich lediglich um ein Experiment handeln würde. Sie sollte einfach nur so tun, als ob die Welt gut wäre und auf sie warten würde.

Was ich erhoffte und erwartete, trat ein. Elena Sandow begann, andere Bilder zu machen. Sie konzentrierte sich auf die Architektur der Stadt, stellte neben das Hässliche auch das Schöne und fand einen liebevollen und dennoch klaren Blick für die Umgebung. Mit diesen neuen Bildern ging sie zu Galeristen. Sie wurde nicht überall mit Handkuss empfangen, aber sie wurde an eine Zeitschrift vermittelt, die ihr die ersten gut bezahlten Aufträge als Architekturfotografin gab. Das Experiment glückte. Sie war in Resonanz mit der Welt gegangen. Ich fragte sie bei unserer Abschlusssitzung, was ihrer Meinung nach der durchschlagende Punkt für ihren Erfolg gewesen wäre. Sie überlegte lange. Dann sagte sie:

»Ich habe mein Herz geöffnet. Dann ging alles wie von selbst. Ich habe einfach die Ritterrüstung abgelegt, habe mich selbst, die Welt und die anderen angenommen und mir dabei zugesehen, wie sich mein Blick, meine Haltungen und mein Auftreten veränderten. Ich habe so getan, als ob die Welt ein guter Ort wäre, und sie hat sich als guter Ort offenbart.«

Vertrauen in die Welt bringt Erfolg

Am Beispiel von erfolgreichen Künstlern kann man immer wieder sehr deutlich sehen, wie wichtig es ist, in Resonanz mit der Welt zu gehen. Das Prinzip gilt aber für alle von uns. Wir können abgetrennt von uns selbst und von anderen zwar einen »Job machen«, aber wir werden nie wirklich unser volles Erfolgspotenzial ausschöpfen, wenn wir der Welt nicht vertrauen. Wir können zum Beispiel gute Handwerker sein, aber wir werden die Kunden nicht dazu bringen, uns weiterzuempfehlen, wenn wir ihnen und der ganzen Welt griesgrämig und ängstlich oder sogar aggressiv begegnen. Jede Art von Angst, Aggression oder schädlichem, neidgetriebenem Konkurrenzverhalten schwächt nicht nur die Welt, sondern auch uns selbst. Wenn wir aber lernen, den unzähligen Chancen vor unserer Tür zu vertrauen, wird sich der Erfolg einstellen.

Bereits im ersten Teil des Buches habe ich beschrieben, woher die Ängste und die Weigerung, dem Leben zu vertrauen, kommen. Sie sind in unseren Familien und in unserer Kultur tief verankert. Es kostet Überwindung, sich ernsthaft mit der Vergangenheit und Gegenwart zu beschäftigen. Aber das wirklich Überraschende wird sein: Die Gegenwart ist oft besser, als die Zeiten früher waren.

Die Angst, zu kurz zu kommen, oder die Angst davor, dass der »Kuchen« des Lebens nur eine bestimmte Größe hat und andere einem ein Stück wegnehmen könnten, ist eine sehr traurige Art zu fühlen und zu denken. Sie schränkt ein, sie macht eng und klein. Sie verhindert, dass wir unser volles Potenzial ausschöpfen. Sie schadet zuallererst uns selbst. Leider wird sie von manchen Medien genährt.

In einem Radiointerview wurde ich einmal gefragt, wie ich auf die verrückte Idee käme, angesichts von vier Millionen Arbeitslosen darüber zu sprechen, wie man seine Berufung finden könne. Das sei ja wohl ein Luxusproblem. Ich habe dem Moderator geantwortet, ob die 40 Millionen, die in Arbeit seien, weniger zählen würden als die rund vier Millionen, die auf der Suche waren. Noch dazu bin ich davon überzeugt, dass gerade Arbeitslosigkeit eine echte Chance ist, sein Leben nachhaltig neu anzugehen und den Beruf zu finden, der einen dauerhaft glücklich und erfolgreich werden lässt. Wir wissen alle, wie viele Arbeitslose es ungefähr gibt, aber wie viele von uns wissen, welch große Zahl an Menschen Arbeit hat? Ich denke, wir müssen den Blick für das Gute und das Gelingende in unserer Zeit und unserer Gesellschaft wiederfinden. Wenn wir erfolgreich sein wollen, müssen wir der Welt einen Vertrauensvorschuss geben.

Achten Sie auf Psychohygiene in Ihrer Umgebung

Achten Sie auch in Ihrer unmittelbaren Umgebung auf »Psychohygiene«. Unterbrechen Sie Jammerdialoge und Schwarzmalereien. Achten Sie darauf, welche Nachrichten oder Gesprächsthemen Ihnen das Vertrauen ins Leben und die Welt nehmen. Der einzige Gradmesser ist Ihre Fähigkeit, in Resonanz mit der Welt zu treten, also das zu geben und das zu bekommen, was andere Menschen und Sie selbst brauchen.

Ich habe persönlich sehr gute Erfahrungen damit gemacht, meinen Fernseh- und Zeitungskonsum auf ein Minimum zu beschränken. Seit ich mir die Sendungen und Zeitschriften gezielt aussuche, die ich sehen oder lesen möchte, habe ich ein deutlich besseres und sichereres Lebensgefühl. Durch Horror und Gewalt auf dem Bildschirm entsteht der Eindruck, die Welt sei ein gefährlicher, grausamer Ort. Wie viele schreckliche Dinge haben wir aber tatsächlich selbst erlebt? Wie sieht der Alltag eines Menschen hierzulande tatsächlich aus? Ich glaube, er ist ziemlich friedlich. Das bedeutet natürlich nicht, dass wir darauf verzichten sollten, uns zu informieren. Es stärkt unser Selbstwertgefühl, informiert zu sein über die wesentlichen Vorgänge in der Welt und in unserer Umgebung. Aber es schwächt uns, uns über mehrere Stunden am Tag mit Grausamkeit und Gewalt zu konfrontieren. Der Informationswert ist sehr gering, der Effekt der Angst und des Vertrauensverlustes ist deutlich höher. Ich bin davon überzeugt, dass sich finanziell sehr erfolgreiche Menschen äußerst selten mit sogenannter Unterhaltung aus den Bereichen Gewalt und Horror beschäftigen. Erstens haben sie dafür gar keine Zeit und zweitens wissen sie, dass ihnen das nicht guttut.

Sein eigenes Biotop schaffen

Wir wissen, dass jeder Laubfrosch bestimmte Bedingungen in der Natur vorfinden muss, um sich optimal entwickeln zu können. Er braucht Grün, er braucht mindestens einen kleinen Teich und Temperaturen, mit denen er umgehen kann. All das zusammen ist sein Biotop, sein ganz persönlicher Lebensraum, in dem er wachsen und gedeihen kann. Auch wir Menschen haben ein ganz persönliches Biotop, in dem wir optimal wachsen und gedeihen können. Wissen Sie, wie Ihres aussieht? Was brauchen Sie, um optimal wachsen und gedeihen zu können?

Manche Menschen glauben, sie würden ihr Biotop erst dann einrichten können, wenn sie reich sind. So entsteht ein Teufelskreis. Sie schaffen keinen Wohlstand, weil ihre Umwelt sie niederdrückt. Sie leben in den falschen Beziehungen, in Wohnungen, die ihnen schaden, und in Umständen, die ihre Selbstmissachtung jeden Tag neu zementieren und ihnen das Gefühl geben, ohnehin nie aus dem Schlamassel herauszukönnen. Der Weg zu Wohlstand läuft aber genau umgekehrt. Wir müssen zuerst einen Lebensraum schaffen, der uns guttut, der uns wachsen und gedeihen lässt. In diesem Lebensraum können wir unser Potenzial voll entfalten. Mit Menschen an unserer Seite, die an uns glauben, die uns Mut machen und mit Rat und Tat zur Seite stehen.

In einem sehr intensiven Coaching habe ich einmal mit einer Frau eine komplette Biotop-Strategie entwickelt. Beate König lebte in einer unattraktiven, viel zu kleinen Wohnung in einem sehr zweifelhaften Viertel von Berlin. Sie hatte einen Lebenspartner, der ihr, geradeheraus gesagt, seit Jahren auf der Tasche lag und sie obendrein mit seinen Hass- und Selbstmitleidstiraden verfolgte. Ich riet Beate König zunächst, sie solle sich therapeutische Hilfe suchen, um ihre Partnerschaftsprobleme in den Griff zu bekommen. Doch sie hatte bereits so viel Kraft gesammelt, dass sie selbst alle notwendigen Schritte unternahm. Sie trennte sich von ihrem Freund und suchte sich eine neue, bezahlbare und schöne Wohnung in einem ruhigen, guten Viertel. Um die Mehrkosten zu finanzieren, gab sie das Rauchen auf, das sie immerhin rund 200 Euro im Monat kostete. Dann erarbeitete sie mit mir eine Berufsstrategie, die sie von einer Verkäuferin in einer Billigkette zur Abteilungsleiterin in einem sehr renommierten Bekleidungshaus brachte. Allein die Provisionen für ihre guten Verkaufsleistungen ließen ihr Einkommen in die Höhe schnellen. Nach und nach sortierte sie parallel ihren Freundeskreis neu und suchte gezielt nach Menschen, die selbst ihr Leben in die Hand genommen hatten, statt sich bei anderen nur auszujammern. Beate König zeigte große Konsequenz. Diese war ihr möglich, weil sie mit jedem neuen Schritt in das zu ihr passende Biotop neue Kraft hinzugewann und lernte, wie wichtig es für sie war, ihre Umgebung positiv und unterstützend zu gestalten. Sie tilgte die Energie- und Selbstwertfallen in ihrem Leben auf ein Minimum und schaffte es auf diese Weise, ihr Potenzial nach und nach zu verwirklichen.

Vertrauen in die Welt, immer wieder mutig den Schritt in die Risikozone wagen und sich von der Welt da draußen und dem Leben überraschen lassen. Das ist ein weiterer Grundstein eines guten Selbstwertgefühls und eines erfolgreichen Verhältnisses zu Geld. Wagnisse einzugehen und mit optimistischem Realismus die Dinge anzupacken ist genauso wichtig wie eine private Komfortzone, gute Beziehungen, ein glückliches Privatleben und Zeit, um immer wieder aufzutanken.[10]

Das finanzielle Selbstwertgefühl stärken

Seinen eigenen Wert achten

»Ich habe es nicht verdient«, »Ich bin nicht gut genug« oder »Die Welt ist schlecht«: Das sind die allen Geldproblemen zugrunde liegenden Muster. Das heißt: Mängel in der Selbstachtung, Selbstwirksamkeit und im Weltbild verhindern finanziellen Erfolg.

Wie kommen wir nun von einschränkenden, störenden Mustern dazu, unser finanzielles Potenzial zu verwirklichen? Was können wir tun, um von einem schwierigen, ängstlichen oder vielleicht tabubelasteten Verhältnis gegenüber Geld und Wohlstand zu einem produktiven, angstfreien, freudig-entspannten Verhältnis zu kommen? Wie können wir aus den uns hindernden und oft kleinmachenden Mustern zu einem gesunden Selbstbewusstsein und einem erfolgreichen Umgang mit Geld kommen?

Wir müssen lernen, ein gutes Selbstwertgefühl und ein unterstützendes Weltbild zu bekommen. Dann bekommen wir auch unsere Geldthemen in den Griff.

Ein gesundes Selbstwertgefühl bedeutet, dass wir Vertrauen in unsere Fähigkeit zu denken haben. Es bedeutet, dass wir davon überzeugt sind, mit den grundlegenden Herausforderungen des Lebens fertig zu werden, und dass wir wissen, ein Recht zu haben, erfolgreich und glücklich zu sein. Darüber hinaus bedeutet ein gutes Selbstwertgefühl, dass wir das Gefühl haben, es wert zu sein, es zu verdienen und einen Anspruch darauf zu haben, unsere Bedürfnisse und Wünsche geltend zu machen, unsere Wertvorstellungen zu verwirklichen und die Früchte unserer Bemühungen zu genießen.[11]

Viele Menschen glauben, man sei entweder mit einem gesunden Selbstwertgefühl gesegnet oder eben nicht. Das ist nicht richtig. Selbstwertgefühl entsteht zwar zum ersten Mal in der Kindheit, ist aber nicht statisch, sondern im Laufe des Lebens sehr variabel. Wir können mit einem schwachen Selbstwertgefühl aus einer schwierigen Kindheit gekommen sein und dennoch als Erwachsene ein sehr gutes Selbstwertgefühl aufbauen. Andererseits können wir es wieder verlieren, wenn wir uns entsprechend verhalten. Damit sind wir bereits beim Kern dessen, was in unserer Hand liegt:

Das Selbstwertgefühl ist ein Spiegel dessen, wie wir über uns denken und wie wir uns tagtäglich verhalten. Es geht um nichts anderes als unsere Denk- und unsere Verhaltensgewohnheiten. Es liegt also an uns selbst, ob wir uns stark oder schwach fühlen. Egal, was andere über uns denken: Viel wichtiger ist es, wie wir selbst über uns denken und wie wir uns mit unserem täglichen Verhalten zeigen, wer wir sind.

Angelehnt an die sechs Säulen des Selbstwertgefühls, von denen Nathaniel Branden in seinem gleichnamigen Buch schreibt, erarbeiten wir gemeinsam auf den nächsten Seiten die Grundlagen eines gesunden finanziellen Selbstwertgefühls. Sie setzen sich aus den folgenden sechs Aspekten zusammen:

- Sich selbst annehmen
- Verantwortung übernehmen
- Geldbewusstsein entwickeln
- Finanzielle Ziele haben
- Sich selbstsicher behaupten
- Eine eigene Geldkultur schaffen

Sich selbst annehmen

»Ich bin so eine Versagerin« höre ich oft von Klientinnen. Oder mir sagen Klienten: »Ich krieg das mit dem Geld eh nicht auf die Reihe.« Wir haben im ersten Teil des Buches gesehen, dass solche Aussagen zu den störenden Mustern gehören, die unseren finanziellen Erfolg stark beeinträchtigen. Die ebenso ernst zu nehmende Komponente in solchen Sätzen ist die Art, wie wir uns damit selbst herabsetzen und beschimpfen. Hilft das? Nein. Es bringt gar nichts, sich selbst in schlechte Zustände zu bringen. Denn in schlechten Zuständen treffen wir schlechtere Entscheidungen und sehen nicht klar. Es ist also nicht nur eine Form des Anstandes sich selbst gegenüber, sondern ein Gebot erfolgreicher Veränderung, mit Selbstbezichtigungen und -herabsetzungen aufzuhören.

Ein Klient sagte einmal zu mir, er würde sich mit solchen Hasstiraden auf sich selbst motivieren und sich, wie er sagte, »einen Tritt in den Hintern verpassen«. Wenn er wieder einmal zu viel Geld ausgegeben hatte, würde er sich »an die Kandare nehmen« und sich mehrere Wochen »Darben bei Wasser und Brot« verordnen. Ich antwortete ihm:

»Wenn Sie sich behandeln wie einen störrischen Esel, werden Sie auch nur die Leistung eines störrischen Esels bekommen. Selbstbeschimpfungsstrategien aus Zeiten der schwarzen Pädagogik bringen, wenn überhaupt, nur kurzfristige Ergebnisse und hinterlassen mehr Schaden als Nutzen. Wenn Sie sich selbst traktieren, tun sie sich nicht nur verbal Gewalt an. Sie vermitteln sich obendrein immer wieder das Selbstbild, faul, dumm und nichtsnutzig zu sein. Wenn Sie der Ansicht sind, einen ›Tritt in den Hintern‹ zu brauchen, halten Sie wenig von sich. Sie verhindern, sich als selbst motivierten, eigenständigen und verantwortlichen Menschen wahrzunehmen. Sie geben sich selbst keine Chance. Mein Rat an Sie: Strecken Sie einfach die Waffen, wenn Sie diese bisher gegen sich selbst oder andere gerichtet haben.«

Dann schrieb ich auf ein Flipchart folgende Fragen:

● Wer soll Ihnen eine Chance geben, wenn Sie sich selbst keine geben?
● Wer ist an Ihrer Seite, wenn Sie es selbst nicht sind?
● Wer soll für Sie eintreten, wenn Sie selbst nicht für sich eintreten?

Mein Klient lernte, dass Selbstannahme der erste Schritt zur positiven Veränderung ist. Niemand anderes als er selbst konnte damit anfangen.

Nathaniel Branden bezeichnet die Selbstannahme als »die Weigerung, in einem feindschaftlichen Verhältnis zu sich selbst zu stehen«. Ich finde, das ist eine wunderbare Definition, die wir uns auch in finanziellen Dingen auf die Fahnen schreiben dürfen: Weigern wir uns, in einem feindschaftlichen Verhältnis mit uns selbst zu stehen! Beginnen wir stattdessen, wie ein guter Freund oder ein weiser Mentor mit uns umzugehen.

Die richtige Haltung angesichts von Schwächen und Fehlern ist es, »sich liebevoll in den Arm zu nehmen«, wie einer meiner Lehrer einmal gesagt hat. Selbst wenn Sie sich und vielleicht auch andere ordentlich in finanzielle Schwierigkeiten gebracht oder vor Geiz auch den letzten Freund verloren haben: Akzeptieren Sie sich so, wie Sie sind, und gehen Sie die Themen dann beherzt an.

In einem meiner Seminare habe ich die Teilnehmer gebeten, alles aufzuschreiben und zu akzeptieren, was sie bisher nicht angenommen haben. Es war ein sehr bewegender Moment, als wir alle schweigend an den vollgeschriebenen Papierwänden vorbeigingen. Ich las Sätze wie:

- Ich nehme an, dass ich meine innere Leere mit Frustkäufen fülle, und liebe mich trotzdem oder gerade deshalb.
- Ich akzeptiere, dass ich mich mein Leben lang selbst sabotiert und abhängig gemacht habe.
- Ich nehme mich liebevoll in den Arm, gerade weil ich bisher alles versucht habe, Menschen mit Geld zu binden und zu kontrollieren.
- Ich akzeptiere, dass ich mich bisher von meinen Partnern habe aushalten lassen. Ich bin trotzdem ein wertvoller und guter Mensch.
- Ich nehme mich liebevoll in den Arm, auch wenn ich meine Geschwister um ihr Erbe betrogen habe, um selbst mehr zu haben.

Die Annahme dessen, was ist, ist der erste Schritt zur Veränderung. Manche Menschen haben Angst, sich nicht mehr zu verändern, wenn sie sich selbst annehmen. Das stimmt nicht. Es ist sogar genau umgekehrt. Erst wenn wir uns mit allen unseren Fehlern annehmen, können wir diese ernst nehmen und mit Herz und Verstand Strategien erarbeiten, sie zu beheben.

Sich selbst liebevoll in den Arm nehmen

Hinter allen Geldproblemen stecken wie gesagt Verletzungen unseres Selbst- und Weltbildes. Wir sollten lieber darüber trauern und uns selbst Mitgefühl schenken, als uns dafür zu verurteilen. Das ist manchmal leichter gesagt als getan. Denn für viele gehört es zu den Grundlebenserfahrungen, verurteilt und kritisiert zu werden. Sie haben es oft selbst nicht erlebt, liebevoll in den Arm genommen zu werden. Wenn ein Mensch aber das Erwachsenenalter erreicht hat, kann er sich selbst liebevoll in den Arm nehmen, so wie er einem Kind, einem anderen Menschen oder einem Tier liebevoll begegnen kann.

Einer Frau, der es besonders schwerfiel, sich selbst zu verzeihen und zu umarmen, habe ich einmal geraten, sich genau anzusehen, wie viel Liebe und Zuwendung sie ihrem Golden Retriever, einem gutmütigen, treuen Hund, gab, den sie mit ins Coaching gebracht hatte. In jeder Pause lief sie zu ihm, herzte ihn, lief eine Runde mit ihm und gab ihm alles, was er brauchte. Als ich sie darauf aufmerksam gemacht hatte, dass sie sich selbst diese grundlegende Liebe versagte, war sie sehr betroffen. Ich machte ihr den Vorschlag, damit zu experimentieren, mit sich genauso gut wie mit ihrem geliebten Hund umzugehen. Bei unserem nächsten Treffen war sie wie ausgewechselt. Ihre Stimme war weicher geworden: »Ich experimentiere noch, aber ich glaube, ich bin zum ersten Mal liebevoll zu mir selbst«, sagte sie.

Schreiben Sie eine Liste mit Erlebnissen oder Verhaltensweisen auf, die Sie sich nur schwer verzeihen können. Beginnen Sie dann eine neue Liste mit dem Satzanfang »Ich akzeptiere ...«. Experimentieren Sie weiter mit »Ich akzeptiere mich, weil ...«, »Ich nehme mich an, gerade weil ...«. Achten Sie auf Ihre Gefühle, wenn Sie sich annehmen, gerade weil Sie diese oder jene Schwäche zeigen.

Die Kraft der Anerkennung dessen, was ist

Selbstannahme bedeutet, Freundschaft mit sich selbst zu schließen. Das bedeutet auch, sich selbst wie einem guten Freund gegenüber aufrichtig zu sein. »Wir sehen (...) keine Veranlassung, Dinge zu verändern, deren Realität wir leugnen«,[12] sagt Nathaniel Branden.

Ich beobachte in Gelddingen oft, dass Menschen für einen kurzen Moment eine Art Geistesblitz und Erkenntnis darüber haben, was gerade wirklich schiefläuft in ihrem Leben. Dieser Moment ist leider sehr kurz, und wenn ich nicht wieder darauf zurückkomme, wechselt mein Gegenüber dann gerne das Thema. Geldprobleme haben so tief mit unseren ureigenen Selbstwert- und Weltproblemen zu tun, dass wir dazu neigen, sie ganz schnell wieder zu verdrängen. Es ist aber wichtig, dem »Ungeheuer« ins Auge zu blicken, um zu sehen, dass es in den meisten Fällen eigentlich ein Miezekätzchen ist, das mehr Zuwendung und Aufmerksamkeit braucht. Hinschauen ist eine ganz wichtige Sache, der wir uns noch eingehender widmen werden.

Für den ersten Schritt der Selbstannahme ist es wichtig, wahrzunehmen und anzuerkennen, mit welchen Problemen wir zu tun haben.

> Wie steht es um Ihre Finanzen, wenn Sie ganz ehrlich sind? Welche Umstände oder eigenen Verhaltensweisen machen Ihnen in Bezug auf das Thema Geld Angst? Was würden Sie gerne verändern? Was sollte nicht mehr vorkommen?

Ein Klient machte folgende Liste:

- Ich gebe häufig mehr aus, als ich verdiene.
- Ich helfe anderen mit Geld, das ich eigentlich für mich brauche.
- Ich trete in finanziellen Dingen nicht richtig für mich ein.

Auch hier gilt: Es ist wichtig, dass Sie das, was Sie denken, sagen oder aufschreiben, als Wahrheit und Tatsache akzeptieren, ohne sich herunterzumachen oder infrage zu stellen. Sie sind gerade dabei, die ersten sehr wertvollen, schweren und wichtigen Schritte in eine neue finanzielle Zukunft zu machen. Sich selbst auf die Schulter zu klopfen, ist da deutlich angemessener, als sich in Grund und Boden zu kritisieren. Nur Wahrhaftigkeit und Selbstakzeptanz bringen Sie weiter – egal, wie schwerwiegend Ihre Probleme sein mögen.

Stellen Sie sich vor, wie Sie sich körperlich aufrichten und hoch erhobenen Hauptes Ihren finanziellen Herausforderungen Aufmerksamkeit schenken. Stellen Sie sich vor, wie gut es sich anfühlt, die Sache endlich wahrhaftig und in echter Freundschaft mit sich selbst anzugehen. Wenn Sie Ihr eigener Freund, Ihre eigene Freundin sind, haben Sie den besten Freund, den Sie haben können!

Verantwortung übernehmen

Reinen Tisch mit der eigenen Vergangenheit zu machen ist ein sehr heilender Prozess. Er soll uns dazu führen, Ansatzpunkte zu finden, wie wir Schwierigkeiten überwinden und einen erfolgreichen Weg einschlagen können. Manchmal sind Erkenntnisse, die wir aus unserer Vergangenheit gewinnen, jedoch so schmerzhaft, dass wir meinen, zu einem Leben in Misserfolgen verurteilt zu sein.

Das Leben in die eigene Hand nehmen

Einmal kam eine Frau Anfang 30 zu mir. Sie hatte mit hervorragenden Noten Rechtswissenschaften studiert. Nach dem Abschluss wollte sie unbedingt zu einer ganz bestimmten Kanzlei nach Großbritannien. Sie bekam dort in wirtschaftlich schwierigen Zeiten nicht gleich einen Arbeitsvertrag, sondern das Angebot, ein niedrig bezahltes Praktikum zu absolvieren, um danach vielleicht fest angestellt zu werden. Ihre Eltern, die ihr bereits mehrere Auslandssemester an besten Universitäten in der ganzen Welt finanziert hatten, »drehten ihr«, wie sie mir im Gespräch empört sagte, »den Geldhahn zu«. Seit diesem Tag weigerte sie sich, sich ernsthaft und selbstständig um eine andere angemessene Position zu kümmern. Sie nahm Gelegenheitsarbeiten im Verkauf und sogar eine Putzstelle an. Sie war verzweifelt. Vom »Abdrehen des Geldhahns«, wie sie es nannte, bis zu unserem Gespräch waren inzwischen drei wertvolle Jahre vergangen. Sie hatte ihren Eltern nicht verziehen und ihnen die Schuld für ihren beruflichen Einbruch gegeben.

Wir haben dann mehrere Monate lang sehr intensiv an ihrer Fähigkeit gearbeitet, Selbstverantwortung ohne Wenn und Aber zu übernehmen und sich selbst aus dem Schlamassel herauszuarbeiten. Am Ende unserer Arbeit hatte sie einen sehr guten neuen Job und war dabei, sich mit ihren Eltern auszusöhnen. Sie war nun im Nachhinein dankbar um die Unterstützung im Studium und hatte verstanden, dass im Leben eines Menschen immer einmal der Tag kommt, an dem er selbst seinen Weg gehen muss und nicht mehr von anderen getragen wird.

Auch wenn wir schwer an äußeren Umständen zu tragen haben, bleibt uns eine Wahl: Wir können uns entscheiden für ein Leben in Abhängigkeit. Wir können auf das Geld von Eltern, Großeltern, Ehepartnern, Chefs und im Notfall von Vater Staat warten. Oder wir nehmen unser Leben in die eigene Hand, lernen die Welt und wie sie tickt zu verstehen und uns sicher und erfolgreich in ihr zu bewegen.

Wir werden alle nackt geboren und wir gehen, wie man sagt, mit einem letzten Hemd ohne Taschen aus dem Leben. Aber in dieser Spanne liegt es an uns, ob wir es finanziell zu etwas bringen oder nicht. Es liegt an uns, ob wir unser Leben und unsere Fähigkeiten ernst nehmen oder nicht. Den vielen Menschen aus einfachen oder sozial problematischen Verhältnissen, die in Armut leben, stehen die vielen gegenüber, die sich genau aus dieser Armut mit eigener Kraft befreit haben. Egal, was Statistiken oder Armutsberichte sagen: Solange es ein Mensch geschafft hat, aus seiner schlechten Lage in eine gute Situation zu kommen, gibt es Hoffnung. Hoffnung und die Möglichkeit zu lernen, sich etwas abzuschauen und sich zu entwickeln. Das bedeutet nicht, dass in unserer Gesellschaft und Wirtschaft alles mit der rosaroten Brille betrachtet werden muss. Nein, es gibt Menschen, die Hilfe und mehr Förderung brauchen. Es gibt in der Tat viel Handlungsbedarf. Am wirksamsten können wir uns trotzdem für uns selbst einsetzen. Niemand hat das Recht, einem Menschen finanzielle Chancen abzusprechen. Deshalb sollten wir das auch nicht bei uns selbst tun.

Wenn wir uns ohne echte Not für den Weg der Abhängigkeit entscheiden, schrumpfen wir jeden Tag ein wenig. Wir trauen uns immer weniger zu, schielen immer mehr nach anderen und werden zu abhängigen Persönlichkeiten. Die Überzeugung, dass wir unser Leben selbst gut auf die Reihe bekommen, sinkt und wir verlieren nach und nach die Achtung vor uns selbst.

Wenn wir uns aber für den zweiten Weg entscheiden und unser Leben in die eigene Hand nehmen, wachsen wir jeden Tag ein Stück. Wir gewinnen an Selbstachtung und machen die Erfahrung, unser Leben im Griff zu haben. Das macht uns stark. Wenn wir aber immer weiter wachsen, wird Geld ein natürlicher Begleiter unseres Lebens. Wahrer Wohlstand ist immer das Ergebnis eines organischen, das heißt natürlichen Wachstums. Selbstverantwortung zu übernehmen für das eigene Leben ist hierzu der erste Schritt.

Um Missverständnisse zu vermeiden: In echter Not, zum Beispiel Krankheit, Unglücksfällen etc., ist es sehr wichtig, auf ein soziales Netz, sei es staatlich oder privat, zurückzugreifen. Manchmal brauchen wir Unterstützung, um einen Neuanfang machen zu können. In einer solchen Lage ist falsche Bescheidenheit fatal und verlängert die Not. Hier sollten Sie sehr beherzt nach Hilfsmöglichkeiten Ausschau halten und diese auch in Anspruch nehmen. Unproduktiv wird Hilfe – materielle wie psychische – erst, wenn sie uns dazu führt, dass wir unsere eigenen Kräfte nicht mehr einsetzen und von anderen abhängig werden.

Manche meiner Klienten, die ihre Probleme zunächst auf ihre Herkunft oder auf Statistiken benachteiligter Bevölkerungsgruppen zurückführen, bitte ich, so zu tun, als ob sie sich ihre Eltern vor ihrer Geburt selbst ausgesucht hätten. Für viele ist das ein ungewohnter Gedanke. Aber dieser Gedanke hat eine große Kraft. Wenn die Eltern bereits Ursprung der Misere waren, können wir dieses Schicksal wie eine Aufgabe, wie eine Herausforderung begreifen und uns sagen: Und genau deshalb lerne ich in diesem Leben, Wohlstand aufzubauen und es mir gut gehen zu lassen! Kein Mensch hat etwas davon, wenn er die Herausforderungen seines Lebens auf Umstände, Systeme oder andere Menschen schiebt. Es bringt nichts als Frust und Ohnmacht. In dem Moment aber, wo wir unser Leben als unser eigenes Werk erkennen, sind wir wieder handlungsfähig. Es liegt eine große Befreiung in dem Gedanken, für sich selbst verantwortlich zu sein.

Tun Sie einfach einmal so, als ob Sie sich Ihre Eltern und damit Ihre soziale Herkunft vor Ihrer Geburt selbst ausgesucht hätten. Warum haben Sie diese Eltern gewählt? Was sollten Sie von ihnen lernen? Was haben Sie von ihnen gelernt?

Wenn Ihre Eltern bereits tot sind: Sind Sie dankbar für das, was Sie bekommen haben? War es genug? Oder sind Sie Ihrem Vater oder Ihrer Mutter böse, weil sie Ihnen nur wenig oder nichts vererbt haben? Was ist der Grund dafür? Liegt er bei Ihren Eltern? Liegt er im Verhältnis, das Sie zu ihnen hatten?

Das Gesetz von Ursache und Wirkung

Für sich selbst Verantwortung zu übernehmen heißt auch, die Ursachen und Folgen des eigenen Verhaltens und der eigenen Handlungen zu erkennen und daraus Konsequenzen zu ziehen.

Martina Schröder kam zu mir ins Coaching und klagte: »Ich habe meinen Beruf für meine drei Kinder aufgegeben. Ich habe meine Familie versorgt, die Festtage wochenlang vorbereitet, habe mir den Kopf zerbrochen, um meinen Mann seelisch in seinem anstrengenden Job zu unterstützen und ihm den Rücken freizuhalten.« Ich hörte ihr aufmerksam zu, als sie in Tränen ausbrach: »Nun hat mich der Kerl verlassen, ich sitze mit meinen drei Kindern da, er ist pleite und auf und davon. Mir bleibt nichts anderes übrig, als Hartz IV für mich und die Kinder zu beantragen.«

Diese Geschichte ist wirklich starker Tobak. Es ist sehr schwierig, einen Menschen in einer solch schwierigen Lage zu wissen. Trotzdem habe ich mit ihr ganz bewusst eine »Rosskur« gemacht, die für beide Seiten kein Spaziergang war.

Mir war sehr bewusst, dass meine Klientin nur dann eine neue Chance hatte, wenn sie damit aufhörte, sich als Opfer zu begreifen. Als Opfer sind wir passiv und schutzlos. Wir brauchen andere, die uns verteidigen oder uns helfen, wieder auf die Füße zu kommen. Wenn es darum geht, für sich selbst eine Berechtigung zu bekommen, nach Hilfe zu fragen, die wir sonst nicht in Anspruch nehmen würden, ist es gut, Opferanteile an der eigenen Geschichte ernst zu nehmen. Wenn das Gefühl, Opfer zu sein, jedoch zu einer Art Lähmung und zu neuen Abhängigkeiten führt, empfehle ich sehr, die Eigenverantwortung in den Vordergrund zu stellen.

Halten Sie sich klar vor Augen: Es geht darum, wieder auf die Füße zu kommen und neue Handlungsmöglichkeiten zu erhalten. Recht oder Unrecht stehen auf einem ganz anderen Blatt. Wenn Sie wieder handlungsfähig werden möchten, müssen Sie genau beobachten, welche Sichtweise Sie in Gang bringt und welche Sie hemmt und sich klein fühlen lässt.

Martina Schröder lernte in dieser »Rosskur«, die ihr aus der passiven Haltung eines Opfers heraushalf, dass sie es selbst war, die den Beruf aufgegeben hatte. Sie war es, die sich ins berufliche Abseits und in eine absolute finanzielle Abhängigkeit gebracht hatte. Sie war es, die keinerlei Einfluss auf das Geschäft und die Privatgebaren ihres Mannes hatte. Sie hatte als erwachsene Frau drei Kinder bekommen, im guten Glauben, dass schon alles gut gehen würde. Am Ende sagte sie: »Ich war gutgläubig. Und ich war und bin erwachsen. Ich habe eine Menge gelernt. Ich werde in Zukunft Verantwortung für mich übernehmen. Ich werde mich nie mehr blind in die Arme eines anderen werfen, sondern immer dafür sorgen, dass ich im Notfall für mich selbst einstehen kann.«

Merken Sie, welche Energie in diesen Sätzen liegt? Vergleichen Sie die Energie der nüchternen Selbstverantwortung mit der Energie der Opferhaltung. Es ist eindeutig: Selbstverantwortung gibt Kraft, Zuversicht und Mut, den es braucht, um Neues zu beginnen.

Natürlich haben Martina Schröder und ich im nächsten Schritt ausführlich an ihrem finanziellen Potenzial gearbeitet und Strategien entwickelt, die ihr Arbeit und ein neues, gutes Auskommen brachten. Aber zuerst musste die Störung aller Störungen behoben werden. Und die lautete: »Ich weigere mich, für mich und meine finanzielle Situation die Verantwortung zu übernehmen.«

Suchen Sie bewusst nach Gründen, warum Ihre finanzielle Situation von anderen Menschen oder Umständen verschuldet ist. Beispiel: Der Staat ist schuld, dass ... Mein Vater ist schuld, dass ... Mein Partner/meine Partnerin ist schuld, dass ... Mein Chef/meine Firma ist schuld, dass ... Das Amt ist schuld, dass ... Die Gesellschaft ist schuld, dass ...
Gehen Sie danach ganz bewusst in Ihr Erwachsenen-Ich und suchen Sie ebenso gründlich nach Gründen, warum Sie selbst schuld sind, dass ... Beispiel: Ich bin selbst schuld, weil ich ...

Wenn wir erkannt haben, dass wir in den meisten Situationen einen eigenen Anteil an einer schwierigen finanziellen Situation haben, dürfen wir befreit durchatmen und sagen: Das wird mir nicht mehr passieren! Ich habe das meiste in meinem Leben selbst in der Hand. Ich kann mich kümmern und etwas ändern. Es liegt an mir, wie ab heute mein Leben weitergeht.

Produktives Jammern

Darf man dennoch auch einmal jammern? Ja, jammern ist völlig in Ordnung. Aber wie ein guter Film sollte gutes Jammern einen Anfang, einen Hauptteil und auch einen Schluss haben. Sonst wird das Jammern zu einer hartnäckigen Störung. Notorisches Nachdenken über Unglücksfälle und verpasste Chancen ebnen in unserem Gehirn Trampelpfade, die uns immer wieder gleich denken und fühlen lassen. Wir haben die Wahl, ob wir Ereignisse in unserem Leben loslassen, nachdem wir geeignete Lehren daraus gezogen haben, oder ob wir uns selbst jahrelang damit mental terrorisieren. Ich empfehle Ihnen sehr, mit Ihrer Vergangenheit reinen Tisch zu machen, aber immer so, dass Ihre Handlungsfähigkeit erhalten bleibt. Vorerst möchte ich Ihnen verraten, wie man aus Coaching-Sicht »richtig«, das heißt produktiv jammert:

In anderen Kulturen gibt es ausgefeilte Klagekulturen, zum Beispiel in Form der Klageweiber: Frauen, die rituell lautstark über die Ungerechtigkeiten und Schicksalsschläge des Lebens jammern. Probieren Sie es aus! Es ist dann entlastend, wenn Sie es als Ritual ausleben. Wenn Jammern aber eine Lebenshaltung ist und zu unbewussten Denkhaltungen führt, hemmt es Sie, weil es Ihre Gedanken und Gefühle auf Misserfolg und Leid programmiert.

Finden Sie also einen guten Platz und gute Momente für ausgiebiges Jammern. Sie können traurige Musik auflegen und es ganz so wie die Klageweiber machen. Laufen Sie im Kreis durch Ihr Zimmer oder Ihre Wohnung und beklagen Sie sich mit erhobenen Armen über die Mühsal des Lebens, über Ungerechtigkeiten und Schicksalsschläge. So lange Sie es brauchen, wird es Ihnen beim Trauern helfen und guttun. Wenn es genug ist, werden Sie von selbst damit aufhören oder einfach lachen. Die Probleme sind damit wahrscheinlich noch nicht vom Tisch. Aber Ihr Kopf ist jetzt wieder frei für Lösungen! Es ist damit Zeit, sich wieder an die Arbeit zu machen.

Geldbewusstsein entwickeln

Wir haben in den vorherigen Kapiteln bereits eine Menge für unser Geldbewusstsein getan. Dennoch kann es hilfreich sein, wenn Sie sich die folgenden Fragen noch einmal ganz konkret beantworten:

- Welche Muster waren für mein Verhältnis zu Geld bis zum heutigen Tag prägend?
- Sind es eher Muster, die mit meinem Selbstbild (Selbstachtung, Selbstwirksamkeit) oder meinem Weltbild (zum Beispiel: »Die Welt ist schlecht«) zu tun haben?
- Woher kommen diese Muster in meinem Leben?
- Wozu haben diese Muster geführt?

Wenn Sie diese Fragen für sich beantwortet haben, haben Sie bereits ein gutes Stück mehr Geldbewusstsein als der allergrößte Teil der Bevölkerung.

Wenn wir an unserem finanziellen Selbstwertgefühl arbeiten wollen, ist es sehr wichtig, dass wir lernen, dem Thema Geld ein angemessenes Bewusstsein entgegenzubringen. Sehr oft beobachte ich bei Klienten mit Geldproblemen, dass sie das Thema entweder schnell wieder verdrängen, sobald es aufkommt, oder sich einreden, dass alles gar nicht so schlimm ist, bevor sie das Thema wechseln.

Den Tatsachen auszuweichen oder sie schönzureden, bringt uns aber natürlich nicht weiter. Ganz im Gegenteil, wir beschädigen damit immer wieder aufs Neue unsere Selbstachtung und unsere Selbstwirksamkeit, die auf dem ehrlichen Umgang mit uns selbst und den Themen, mit denen wir zurechtkommen wollen, basiert. Nathaniel Branden bezeichnet eine mangelnde Bewusstheit gegenüber schwierigen persönlichen Themen sehr drastisch als »Verrat an uns selbst« und warnt eindringlich davor, ihn zur Gewohnheit zu machen. »Das Selbstwertgefühl ist der Ruf, den wir bei uns selbst erwerben«, sagt er.[13] Beginnen wir also damit, unseren Ruf bei uns selbst zu verbessern, indem wir hellhörig werden bei Sätzen wie:

- Ich weiß, dass ich ein Problem mit Geld habe, aber ich will mich nicht damit beschäftigen.
- Mir ist klar, dass ich viel zu viel ausgebe und zu wenig verdiene, aber ...
- Ich weiß, dass ich mich um meine Finanzen nicht richtig kümmere, aber ...
- Ich weiß, dass ich im Alter katastrophal schlecht da stehen werde, wenn ich so weiter mache, aber ...
- Ich weiß, dass ich mich finanziell ruiniere, aber ...
- Ich weiß, dass ich dabei bin, mich zu verspekulieren, aber ...
- Ich weiß, dass ich längst den Job wechseln müsste, um mehr zu verdienen, aber ...
- Ich weiß, dass ich X kein Geld leihen dürfte, aber ...
- Ich weiß, dass diese Anschaffung, dieser Urlaub eigentlich nicht drin ist, aber ...
- Ich weiß, dass ich mir selbst nichts gönne und geizig mit mir und anderen umgehe, aber ...

Es geht nicht darum, uns mit unseren Problemen verrückt zu machen, es geht lediglich darum, sie bewusst wahrzunehmen, ihnen nicht auszuweichen und uns damit eine Chance zu geben, sie zu lösen. Jedes Mal, wenn wir unangenehmen Erkenntnissen bewusste Aufmerksamkeit schenken statt wegzuschauen und Ausreden zu benutzen, stärken wir unser Selbstwertgefühl und damit unsere Fähigkeit, unser finanzielles Potenzial zu verwirklichen. Es gibt einige Kennzeichen für ein waches Bewusstsein, die uns dabei helfen, diesen Zustand in Bezug auf Geld immer öfter zu genießen und uns als selbstmächtig und kompetent zu erleben.

Sich den finanziellen Tatsachen gezielt stellen

Es ist wichtig, sich den Problemen, die Sie als wesentlich erkannt haben, gezielt zu stellen, sie auszusprechen und ganz bewusst anzugehen. Dazu brauchen Sie Ihren Willen. Den Willen und das Vertrauen, dass Sie in der Lage sein werden, als erwachsener Mensch Verantwortung für Ihr finanzielles Schicksal zu übernehmen und mit Ihrem Verstand alle anstehenden Dinge lösen zu können. Sie müssen nicht alles selbst wissen und regeln, aber Sie brauchen den Willen, Ihre Lage selbst verändern zu wollen, alles dafür zu tun und sich mit den richtigen Menschen zu umgeben, die Sie dabei unterstützen können.

Andrea Berg war 42, als sie zu mir ins Coaching kam. Sie lebte getrennt von ihrem Mann. Ihre beiden zehn und zwölf Jahre alten Kinder wollten beim Vater bleiben und so wurde sie, die zehn Jahre Familienzeit genommen hatte, von einem Tag auf den anderen nicht nur finanziell selbstverantwortlich, sondern auch voll unterhaltspflichtig. Da ihr Mann wenig verdiente und seine Arbeitszeit für die Kinder reduzierte, musste sie, nachdem sie jahrelang nichts verdient hatte, plötzlich komplett für sich und die Kinder aufkommen. Andrea Berg fühlte sich so überfordert, dass sie zunächst nicht den Mut aufbrachte, sich mit den Tatsachen zu beschäftigen. Sie fürchtete, jede neue Information würde sie noch tiefer in die Krise stürzen. »Wenn das so weitergeht«, sagte sie in unserer ersten Sitzung, »stehe ich morgens einfach nicht mehr auf.«

Ich setzte mich neben sie und wir begannen ihre Finanzen nach und nach durchzugehen. In den Stunden, die sie im Coaching bei mir war, widmeten wir uns gezielt den Tatsachen. Da sie nicht allein war, war es leichter für sie zu erkennen, dass selbst die schwierigsten Nachrichten zu verkraften waren, wenn man sich ihnen als Erwachsene stellte.

Die Düsseldorfer Tabelle, die den Kindesunterhalt bestimmt, zeigte eindeutig an, dass Andrea Berg 550 Euro Unterhalt zu zahlen hatte und einen gesetzlichen Mindestselbstbehalt von 900 Euro für sich haben durfte. Sie musste also mindestens ein Nettogehalt von 1 450 Euro verdienen. Das war schon einmal eine Zahl, mit der sie rechnen konnte. Sie durfte einfach nicht weniger verdienen.

Da sie ihren ersten Beruf als Steuerfachangestellte schon lange nicht mehr ausgeübt und als studierte Sozialarbeiterin wenig Berufserfahrung hatte, schien es ihr geradezu unmöglich, aus dem Stand einen Job zu bekommen, der dieses Einkommen brachte. Andrea Berg sah ein, dass sie Unterhalt zahlen musste, ärgerte sich aber sehr über sich selbst, da sie ihrem Mann zuliebe zehn Jahre nicht berufstätig gewesen war und nun ganz unten anfangen musste. Im Coaching fand sie eine konstruktive Haltung dazu, indem sie erkannte, dass sie sämtliche Entscheidungen bei vollem Bewusstsein getroffen hatte und damit die Verantwortung übernehmen konnte. Das war schmerzhaft, aber befreiend für sie.

In einem nächsten Schritt sahen wir, dass sie so gut wie keinerlei Altersvorsorge hatte und in den nächsten 25

Jahren dringend etwas dafür tun musste. »Aber wie soll das gehen bei 550 Euro Unterhalt im Monat, den ich wahrscheinlich noch über zehn Jahre zahlen muss?«, fragte sie und schien wieder an einem Tiefpunkt angekommen zu sein. »Ganz einfach«, sagte ich, »Sie müssen anfangen, viel Geld zu verdienen.«

Sie lachte und dachte, ich mache einen Scherz. Aber das war kein Scherz. Wir erarbeiteten Schritt für Schritt ihr wahres finanzielles Potenzial und entwickelten eine Strategie, wie sie innerhalb von zwei Jahren ein Nettoeinkommen von rund 3 500 Euro im Monat erarbeiten konnte.

Andrea Berg ist heute selbstständige Supervisorin für Menschen in sozialen Berufen und dabei höchst erfolgreich. Sie zahlt nicht nur gerne den Unterhalt für ihre Kinder, sondern lebt gut und sorgt für ihr Alter ausreichend vor. Der erste Schritt war aber auch für sie, den Tatsachen ins Auge zu sehen und dann nicht mehr wegzuschauen. »Ich fühle mich heute viel stärker und bin sehr selbstbewusst geworden«, sagt sie.

Aufmerksamkeit als Erfolgsschlüssel

Das Geheimnis finanziellen Erfolgs ist es, ein klares Bewusstsein für Geld, die eigene finanzielle Situation, für Einnahmen und Ausgaben zu haben. Es gibt nichts Wichtigeres zu lernen. Ziel ist es, jeden Tag und in jedem Moment zu wissen, wie viel Geld Sie haben, wie viel Geld Sie verdienen, was Sie investieren und was Sie ausgeben.

Tim Gallway, der die Coachingformel »Leistung = Potenzial minus Störungen« aufgestellt hat, hält es für den Dreh- und Angelpunkt herausragender Leistungen: absichtslose Aufmerksamkeit auf das Thema, in dem man

Spitzenergebnisse erreichen möchte. Das gilt auch für Geld.

Wenn Sie mit Geld noch erfolgreicher werden wollen, müssen Sie diesem Thema klare Aufmerksamkeit schenken, ohne sich darauf zu fixieren. So einfach dieser wirklich durchschlagende Erfolgstipp klingt, so vertrackt ist er auch. Denn bei echten Problemthemen reagieren wir Menschen wie die berühmten Sträuße: Kopf in den Sand und besser nicht mehr schauen und drüber nachdenken. Die andere Alternative: sinnentleertes, gebetsmühlenartiges Jammern, das unser Herz in Wirklichkeit aber nicht erreicht. Wegschauen, wegfühlen, wegdenken sind die typischen Verhaltensweisen, wenn uns ein Thema so richtig an die Nieren geht. Da das Thema Geld mit so vielen schlechten Gefühlen wie Ohnmacht, Hilflosigkeit, Abhängigkeit, Ungerechtigkeit oder Überforderung verknüpft sein kann, darf es uns nicht wundern, wenn wir genau auf diesem Gebiet einen hohen Grad an Verdrängungskunst walten lassen.

Hand aufs Herz: Wissen Sie, wie viel Geld Sie jetzt in diesem Moment besitzen? Wissen Sie, wie hoch Ihre Altersvorsorge voraussichtlich ausfällt? Wissen Sie, was Sie in der letzten Woche ausgegeben haben? Wissen Sie, wie hoch Ihre monatlichen Kosten sind? Wissen Sie, wie viel Geld Sie im Jahr für Kino oder Zigaretten oder zusätzliche Paar Schuhe ausgeben? Wissen Sie, was Ihr Partner verdient? Auf den Euro genau? Wenn Sie es wissen, haben Sie wahrscheinlich eher Probleme mit dem Genuss Ihres Geldes, nicht aber mit dem Mangel daran.

Ein gutes Geldbewusstsein ist die halbe Miete. Gutes Geldbewusstsein bedeutet, sich selbst in seinem Geldverhalten gut zu kennen und über seine finanzielle Lage jederzeit Bescheid zu wissen. Die Betonung liegt auf *je-*

derzeit. Das heißt, dass wir eine neue Kultur des »Bescheidwissens« in unseren finanziellen Belangen aufbauen müssen.

Wenn Sie bisher Schwierigkeiten hatten, sich beim Thema Meine Finanzen selbst auf dem Laufenden zu halten, ist eine ganz neue Herangehensweise angezeigt: ein freudig-entspanntes Verhältnis zum Thema Geld. Und dazu müssen wir lernen, uns ganz locker und sogar gerne damit zu beschäftigen.

Sich in Stimmung bringen

Konstanze verabredet sich mit einem Mann, Carl, den sie im Internet kennengelernt hat. Während sie auf ihn wartet, malt sie sich aus, welche Enttäuschung da auf sie zukommen wird. Sie ist überzeugt, dass es auch diesmal nichts werden wird mit dem Traumpartner. Sicherlich ist er in der Realität weit weniger attraktiv als auf dem Foto. Obendrein ist er vermutlich sowieso nur auf ein Abenteuer aus und dabei wird sie keinesfalls mitmachen.

Sofort kommen ihr all die Enttäuschungen in den Sinn, die sie bereits hinter sich hat. Patrick hatte sie nach drei Monaten mit den Worten »Das ist dann wohl doch nichts mit uns« verlassen. Sven war eigentlich noch in seine Ex verliebt und konnte sich nicht richtig für eine neue Beziehung öffnen. Und Christian, der ihr wirklich etwas bedeuten hätte können, war nach kurzer Zeit wieder im Internet auf der Suche nach der nächsten. Sie fühlt sich jetzt sehr unwohl und ist den Tränen nahe, als die Tür aufgeht. Der Mann, der hereinkommt, erblickt eine in sich zusammengesunkene, traurige Frau, die sich an einem Glas Mineralwasser festhält.

Wie wird die erste Begegnung der beiden wohl verlaufen? Wie würden Sie sich fühlen, wenn Ihnen jemand mit Tabus, Angst, Misstrauen und Versagensängsten gegenübertreten würde? Wie viel Kraft hätte eine Begegnung mit einem anderen Menschen, die mit Unwohlsein beginnt? Wie wäre es dagegen, wenn Sie einen interessanten Mann oder eine interessante Frau treffen würden, die Ihnen mit Wohlwollen und Interesse begegnet?

Drehen wir den Film noch einmal. Konstanze sitzt jetzt erwartungsvoll und entspannt im Café. Gleich wird Carl kommen, mit dem sie schon einige sehr witzige Mails ausgetauscht hat. Nach der Arbeit war sie immer ganz aufgeregt bei der Vorstellung, gleich ihren Mail-Briefkasten zu öffnen und eine neue Nachricht von diesem merkwürdig vertrauten Unbekannten zu bekommen. Jetzt ist der Moment gleich da, die Tür wird aufgehen und er wird leibhaftig in ihr Leben treten. Sie ist beschwingt, ja, auch ein wenig aufgeregt. Ihre Wangen sind leicht gerötet. Ob er das bemerken wird?

Die Tür geht auf und Carls erster Blick fällt auf eine charmante Frau, die verträumt und erwartungsvoll aus dem Fenster schaut. Sie spürt, dass er hereingekommen ist und sieht in seine Richtung. Ihre Blicke treffen sich zum ersten Mal.

Mit dem Thema Geld ist es wie mit der Liebe. Wenn Sie ihm wohlwollende Aufmerksamkeit schenken und sich darum kümmern, wird es wachsen. Wenn Sie es verdrängen, wird es verkümmern. Ein Grundgesetz im Coaching lautet, dass die Energie dahin fließt, wohin Ihre Aufmerksamkeit geht. Und wo Ihre Aufmerksamkeit ist, können sich die Dinge verändern. Wenn Sie dem Thema Geld in Ihrem Leben eine neugierige, offene und freudig-entspannte Haltung entgegenbringen, werden Sie mit Geld auf eine sehr angenehme Art »flirten« und eines Tages eine ernsthafte, erfüllende Beziehung eingehen können.

Von Angst und Misstrauen in freudige Erwartung zu kommen, kann eine große Herausforderung sein. Der erste Schritt hierzu ist, zu lernen, sich wohlzufühlen, wenn Sie über Geld nachdenken. Zwei Stimmungsarten sind günstig, wenn Sie sich mit Geld beschäftigen: liebevolle, warmherzige Aufmerksamkeit oder nüchterne, wache Klarheit.

Denken Sie einen Moment über den Unterschied zwischen liebevoller, warmherziger Aufmerksamkeit und nüchterner, wacher Klarheit nach. Aus welchen Situationen kennen Sie diese beiden Zustände? Wem oder was gegenüber zeigen Sie die jeweilige Form von Aufmerksamkeit? Wo in Ihrem Körper spüren Sie den Unterschied?
Manche Menschen verbinden liebevolle, warmherzige Aufmerksamkeit mit einem Wärmegefühl im Bauch. Die nüchterne, wache Aufmerksamkeit verbinden sie mit einer kühlen, glatten Stirn und einem klaren, konzentrierten Blick. Experimentieren Sie mit beiden Gefühlen!

Wenn Sie jetzt daran denken, dass Sie sich ab heute intensiv mit Ihren Finanzen beschäftigen werden: Welches Gefühl passt besser dazu? Welches der beiden Gefühle würde Sie mehr motivieren, sich damit zu beschäftigen? Wenn Sie sich für das warmherzige Gefühl entscheiden, werden Sie wahrscheinlich einen guten Vater oder eine gute Mutter für Ihr »Kind-Ich« brauchen, das sich endlich Unterstützung, Schutz und Verantwortung durch eine größere Person wünscht.

Wenn Sie sich für das nüchtern-wache Gefühl entscheiden, gehen Sie selbst direkt in Ihr »Erwachsenen-Ich« und nehmen die Dinge selbst in die Hand. Es gibt dabei kein »Besser« oder »Schlechter«. Beide Gefühle sind sehr gut, um sich konstruktiv und nachhaltig mit Geld zu beschäftigen. Erlaubt ist alles, was hilft!

Sorgen Sie also für eine gute Atmosphäre, wenn Sie sich mit Finanzen beschäftigen. Tun Sie es nicht zwischen Tür und Angel, und schon gar nicht, wenn Sie mit Ihren Kräften am Boden sind. Leider ist das noch vielfach üblich. Geld ist ein unangenehmes Thema und wird entweder wie eine Pflicht abgehandelt oder herausgeschoben, bis es nicht mehr anders geht und man selbst schon unter großem Stress steht.

Eine meiner Klientinnen hatte sich angewöhnt, Rechnungen grundsätzlich erst dann zu überweisen, wenn mindestens eine Mahnung gekommen war. Sie hatte solche Angst, sich mit ihrem Kontostand zu konfrontieren, dass sie dem Thema bis zuletzt auswich. Dann aber waren so viele Rechnungen aufgelaufen, dass sie sich auch über einen recht guten Kontostand nicht mehr freuen konnte. Schließlich musste sie jetzt eine Menge überweisen. Auf diese Weise lernte sie, niemals mit ihrem Kontostand zufrieden zu sein, immer Angst zu haben und Rechnungen nur unter großem Stress zu begleichen. Geld wurde gleichgesetzt mit dem Gefühl von Angst, Misserfolg und Stress. Es war ein großer Fortschritt für sie, zu lernen, den Umgang mit Geld vollkommen umzukehren. Sie begann ihre Sitzungen vor dem Online-Konto zu zelebrieren wie das Date mit einem aufregenden Menschen. Sie investierte tatsächlich Aufmerksamkeit und Liebe statt Angst und Misstrauen. Allein diese Veränderung führte zu einer Verbesserung ihrer finanziellen Situation.

Apathie und Unbewusstheit sind die größten Feinde eines guten Verhältnisses zu Geld. Wenn wir ihm aber Bewusstsein schenken, lösen sich viele Probleme von selbst. Wie funktioniert das?

Wenn wir unserem Gehirn einen Auftrag geben, wird es nicht rasten und ruhen, bis es eine Lösung findet. Was unsere Aufmerksamkeit bekommt, wollen wir selbst verbessern. Unbewusst suchen wir nach Lösungsmöglichkeiten und werden kreativ, wenn wir eine Lücke zwischen Soll und Ist erkennen. Wahrscheinlich ist es eine unserer existenziellen Überlebensstrategien, uns zu konzentrieren und unbewusst Lösungen und Verbesserungen zu erarbeiten.

Hierzu das Beispiel eines Tennisspielers, der seine Leistung verbessern will: Ein Topcoach wird ihn heute nicht mehr mit dem Pauken von Technik traktieren, sondern lediglich bitten, aufmerksam wahrzunehmen, was passiert, wenn der gegnerische Ball auf ihn zukommt. Seine Hand wird von selbst eine bessere Schlagstellung einnehmen. Sein Gehirn programmiert den Schlag in Ruhe und wird nicht durch Technik-Anweisungen gestört.

So ist es auch beim Thema Geld. Wenn Sie ihm positive Aufmerksamkeit schenken, werden Sie automatisch neue Verhaltensweisen ausprobieren und zu neuen, ganz eigenen Lösungen kommen.

Selbst wenn die reine Aufmerksamkeit noch keine vollständige Lösung bringt, ist sie dennoch eine Voraussetzung dafür, Neues zu lernen, entspannt-neugierig zu sein, wach und klar im Kopf. Oder mit liebevoll-warmem Herzen. Das ist eine gute Ausgangssituation, um Geldthemen in den Griff zu bekommen.

Ich schwöre auf mein regelmäßiges »Date« mit meinem Konto. Ich lege mir dann gute Musik auf, räume meinen Schreibtisch leer und widme meine Zeit den Finanzen. In Phasen, in denen ich das Gefühl habe, mein Geldbewusstsein lässt nach, verabrede ich mich jeden Tag mit meinem Konto, bis ich wieder in jedem Moment, in dem ich Geld verdiene oder ausgebe, weiß, was finanziell gerade passiert.

Suchen Sie sich einen Platz oder eine wiederkehrende Situation aus, wo Sie sich mit Geld beschäftigen. Zünden Sie sich eine Kerze an, wenn Sie mit der Lektüre beginnen. Eine Kerze ist in allen Religionen etwas Heiliges, das anzeigt, dass in diesem Raum Achtsamkeit und Andacht herrschen. Ich habe zum Beispiel beim Schreiben dieses Buches eine Kerze brennen lassen. Ein bestimmter Duft, leise Musik oder ein Getränk können die gleiche Wirkung haben. Sie »ankern« damit die Beschäftigung mit Geld in angenehmer Weise. In Zukunft werden Sie immer an dem Platz, an dem Sie gelesen haben, oder wenn Sie den Duft riechen, die Musik hören oder das Getränk trinken, konstruktiv mit dem Thema Geld umgehen können.

Bei Überforderung: Geldfreie Orte schaffen

Es ist immer gut, Bescheid zu wissen über den aktuellen Stand der eigenen Finanzen. Manchmal ist das Thema Geld aber so problematisch, dass man auch eine Pause davon braucht. Falls Sie beispielsweise in Ihrer Partnerschaft häufig Geldprobleme diskutieren, ist es wichtig, einen Ort für Geldgespräche festzulegen und die anderen Orte davon freizuhalten.

Eine meiner Klientinnen hatte regelmäßig Krach mit ihrem Mann über das Thema Geld. »Wir stritten uns von morgens bis abends darüber. Es fing im Schlafzimmer an, ging in der Küche weiter, tagsüber per Telefon, abends wieder in der Küche, im Wohnzimmer und dann endete es, wo es anfing: im Schlafzimmer.« Dass die Ehe alles andere als gut lief, kann man sich vorstellen. Ich verordnete dem Paar »Geld-Dates« an einem ganz bestimmten Ort. In Schlafzimmer und Küche haben belastende Geldgespräche definitiv nichts zu suchen. Im Bett wird geschlafen und sich geliebt und am Küchentisch wird mit Liebe gekocht und in Ruhe gegessen. Das Paar wählte ein Bänkchen im Flur des Hauses. Dort, und nur dort durfte zu bestimmten Zeiten über Geld gesprochen werden. Wenn beide diesen Platz verlassen hatten, wurde nicht mehr darüber gestritten. Allein die Disziplinierung über den Ort hat die Geldprobleme des Paares zu lösen geholfen. Es war nicht mehr Dauerthema, andere Themen hatten auch wieder ihren Platz und in der kurzen, zur Verfügung stehenden Zeit bemühten sich beide, schnell und konstruktiv zu Lösungen zu kommen. Jeder bereitete sich auf die Gespräche im Flur vor und lamentierte nicht den ganzen Tag ungerichtet vor sich hin.

Gerade wenn das Thema »Geld« in Ihrem Leben sehr problematisch ist, ist es hilfreich, ihm einen guten, aber abgegrenzten Ort in Ihrer Wohnung und in Ihrem Leben zu geben. Es sollte nicht alles »überschwemmen«. Denn um Geldprobleme zu lösen, müssen Sie sich viel stärker sich selbst und dem Leben zuwenden als den direkten Finanzen. Sorgen Sie also für Platz in Ihrem Leben: Platz für Geld, Platz für Sie selbst, Platz für Ihr Leben. Welcher Ort ist das in Ihrer Wohnung oder Ihrem Haus?

Eine Notlösung für Paare, die sich nur sehr schwer disziplinieren, ist die Gelbe Karte. Die Gelbe Karte ist eine gelbe Karteikarte oder eine Moderationskarte, auf die meine Klienten unangenehme Themen schreiben und die sie unter irgendeinem Möbelstück in meinem Büro »parken« können, wenn sie es sonst partout nicht aus dem Kopf bekommen. Manchmal erlauben sich meine Klienten zum Beispiel nur von ihren tiefsten beruflichen Wünschen zu träumen, wenn sie das Thema Sicherheit auf einer Gelben Karte unter meiner Sitzgruppe im Büro geparkt haben. Dann können sie plötzlich befreit über all das reden und träumen, was sie vorher vor lauter Bedenken gar nicht auszusprechen wagten.

Die Gelbe Karte funktioniert auch für den Hausgebrauch. Schreiben Sie auf eine gelbe Karte das Wort »Geld« oder »Finanzen« oder das, worum Sie sich besonders heftig und ausweglos streiten. Holen Sie die Karte immer hervor, wenn Sie und Ihr Partner merken, dass sich das Thema in Ihrem Gespräch im Kreis dreht. Nehmen Sie die Karte und legen Sie sie gemeinsam an einen Ort, wo sie außer Sichtweite liegt, Sie aber beide wissen, dass sie noch da ist. Wenn Sie den Eindruck haben, sich wieder konstruktiv über das Thema auf der gelben Karte unterhalten zu können, holen Sie die Karte hervor und sprechen über das Thema, bis Sie es wieder abschließen oder die Karte und damit das Thema nochmals vom Platz verweisen müssen.

Die Gelbe Karte eignet sich auch für Alleinstehende, die über ein bestimmtes Thema bis zur Erschöpfung grübeln und es endlich einmal aus ihren Gedanken bringen wollen, ohne es komplett zu verdrängen oder zu vergessen. Probieren Sie es aus und lassen Sie sich überraschen, wie kompromissbereit Ihr innerer Kritiker ist, wenn Sie ihm so ein Angebot machen. Denn das Thema wird nicht verdrängt oder gar vernichtet, sondern nur verlegt und eventuell vertagt. Es bleibt aber im Raum und kann jederzeit wieder hervorgeholt werden.

Tatsachen, Interpretationen und Emotionen unterscheiden

Beim Thema Geld schlagen die emotionalen Wellen bei vielen Menschen schnell hoch. »Das ist mein Untergang« oder »Das ist mein Ruin, mein finanzielles Desaster« sind Sätze, die Menschen unter Druck setzen und ihnen Kraft nehmen. Vor allem die Kraft, klarzusehen und die Dinge nach und nach mit Herz und Verstand ins Lot zu bringen. Sehen Sie sich die finanziellen Tatsachen lieber mit dem oben beschriebenen nüchtern-wachen Blick an. Bei der Interpretation finanzieller Gegebenheiten helfen nicht nur Freunde, die sich auskennen, sondern auch Fachleute aus dem Finanzbereich. Damit wären wir auch schon beim nächsten Thema:

Die eigenen Impulse wahrnehmen und ihnen trauen

Wenn sie sich in bestimmten Finanzfragen nicht gut fühlen, haben die meisten Menschen ein recht passgenaues Gefühl dafür. Aber viele schaffen es nicht, dieses Gefühl bewusst wahrzunehmen und Konsequenzen daraus zu ziehen. Ob es sich darum handelt, eine bestimmte Anschaffung nicht zu machen, weil sie tatsächlich das Budget sprengt, oder ob es sich um das schlechte »Bauchgefühl« bei der Beratung durch einen Finanzberater handelt: Übernehmen Sie Verantwortung für sich als erwachsene Person und nehmen Sie Ihre Bedenken wahr. Manche haben gelernt, Impulse dieser Art sofort zu verdrängen, gerade dann, wenn es sich um schlechte Gefühle anderer Menschen gegenüber handelt. Sie haben früh gelernt, »lieb« und »brav« zu sein, angepasst aufzutreten und keine auch noch so kurzfristige und unwichtige Beziehung mit einer vielleicht sogar fremden Person zu gefährden. Ich habe Klienten erlebt, die ein Haus gekauft haben, das sie eigentlich gar nicht wollten, weil sie es dem Makler »nicht antun wollten«, nach »so vielen Terminen« abzusagen. Wir werden im Kapitel »Sich selbstsicher behaupten« noch sehen, wie man sich das abgewöhnen kann. Der erste Schritt ist aber, diese Tendenz wahrzunehmen, um seine Selbstachtung und Selbstwirksamkeit ein Stück weit zu stärken.

Was machen Sie, wenn Sie in einem Restaurant schlecht bedient werden? Bleiben Sie höflich? Geben Sie sogar Trinkgeld? Oder sprechen Sie andere Menschen an, wenn Sie sich nicht angemessen behandelt fühlen? Wann und wem gegenüber gelingt Ihnen das? Wann und wem gegenüber fällt es Ihnen besonders schwer, negative Gefühle bewusst wahrzunehmen? Wem gegenüber fällt es Ihnen leicht oder leichter? Was ist anders?

Handlungen mit Absichten vergleichen

Ein weiterer Baustein eines besseren Selbstwertgefühls zum Thema Geld ist, sich bewusst zu machen, wenn unsere Absichten und Handlungen nicht übereinstimmen.

»Eigentlich will ich schon seit zwei Jahren mit meinem Chef über eine Gehaltserhöhung sprechen«, sagte mir Britta Behrendt und lachte.

»Warum lachen Sie, wenn Sie das erzählen?«, fragte ich sie. Da wurde sie ernst.

»Ich weiß es nicht. Es ist eigentlich immer so. Wenn ich mir vornehme, für mich einzutreten, knicke ich im letzten Moment ein.« Mit dieser Erkenntnis, die meine Klientin soeben mutig ausgesprochen hatte, begann eine ganz neue Ära in ihrem Leben. Der erste Schritt war, bewusst wahrzunehmen, dass ihre Absichten und Handlungen auseinandergingen, wenn es um ihre eigenen Interessen ging.

Es ist aber wichtig, auch positive Gegenbeispiele zu suchen. Wann gelingt es uns, unsere Absichten umzusetzen? Was waren unsere größten Erfolgserlebnisse? Wo haben wir uns selbst schon einmal bewiesen, dass wir einen starken Willen haben und erreichen, was wir wollen?

Britta Behrendt erzählte, dass sie dann sehr stark sei, wenn sie sich für die Belange anderer Menschen einsetzt: »Da werde ich regelrecht zur Furie. Vor allem, wenn es um die Interessen meiner Kinder geht. Ich kann mich viel besser für andere einsetzen.« Wir entwickelten eine Strategie, wie sie ihre Stärken auch für sich selbst einsetzen konnte. Ich werde im Kapitel »Sich selbstsicher behaupten« darstellen, wie das geht.

Wann verhalten Sie sich beim Thema Geld, beim Verdienen, Verhandeln und beim Ausgeben oder Anlegen so, wie Sie es tatsächlich vorhaben? Was bringt Sie zu einer Änderung Ihrer Vorhaben? Sind es gut begründete Veränderungen oder ändern Sie etwas, weil Sie »unbewusst« werden? Oder haben Sie jemand anderem die Verantwortung und die Macht über Ihre Entscheidungen gegeben?

Feedback von außen holen

Niemand ist perfekt. Beim Thema Geld bespricht sich selbst ein Profi wie mein Vater mit anderen Fachleuten. Vielleicht geht es bei Ihnen aber noch gar nicht um konkrete Anlagestrategien, sondern um eine Rückmeldung darüber, wie andere Ihren Umgang mit Geld wahrnehmen. Die Meinungen anderer können uns wichtige Hinweise geben. Wir stärken unsere Selbstwirksamkeit, wenn wir uns trauen, andere um ihr Feedback zu bitten. Der Partner hat oft guten Einblick, ist aber selbst befangen. Dennoch ist es nützlich, mit dem Partner oder engen Freunden darüber zu sprechen, wie sie uns beim Thema Geld wahrnehmen. Würden sie uns um Rat fragen? Trauen sie uns etwas zu? Oder sehen sie unseren Umgang mit Geld kritisch? Woran liegt das genau? Auf welche Beobachtungen führen sie ihre Meinungen zurück?

Wenn wir Feedback bekommen haben, ist es gut, es genau zu prüfen: Ist da was dran? Was kann ich damit anfangen? Wie kann ich daraus lernen? Was sollte ich verändern?

Die eigenen Motive kennen und ernst nehmen

Menschen sind durch Motive gesteuert. Diese Motive treiben uns auch an, wenn es um das Thema Geld geht. Wenn wir unsere Lebensmotive erfüllen und ein Leben gemäß dieser tiefsten Werte führen, erleben wir unser Leben als gelungen und erfüllt.

Die psychologische Motivationsforschung ist dabei bereits recht weit gediehen. Der amerikanische Psychologe Steven Reiss hat über verschiedene Kulturen hinweg durch Zehntausende von Fragebögen ermittelt, nach welchen Grundmotiven Menschen ihr Leben ausrichten. Ich verwende bei meiner Arbeit ein vereinfachtes Setting, das von Reiss inspiriert ist.[14]

Markieren Sie die unten genannten Motive jeweils mit
++   wenn Sie sich mit diesem Motiv sehr verbunden fühlen;
+   wenn Sie sich mit diesem Motiv verbunden fühlen;
0   wenn Sie sich damit manchmal schon, manchmal aber auch nicht verbunden fühlen;
-    wenn das Motiv Ihnen wenig sagt;
--   wenn Sie persönlich mit diesem Motiv gar nichts anfangen können.

1)   **Macht**
     Meine Karriere ist mir sehr wichtig. Ich sage gerne anderen, was zu tun ist.
2)   **Unabhängigkeit**
     Ich will meine eigenen Entscheidungen unabhängig von anderen treffen. Ich lebe so, wie es mir gefällt.
3)   **Neugier**
     Ich bin sehr wissbegierig, erfahre gerne Neues und beschäftige mich gerne mit intellektuellen Fragen.
4)   **Anerkennung**
     Es ist mir wichtig, wie andere über mich denken. Ich kann nicht gut mit Kritik umgehen.
5)   **Ordnung**
     Ich räume gerne auf und halte gerne Ordnung. Ich habe gerne Regeln.
6)   **Sparen**
     Ich spare und sammle gerne und freue mich besonders, wenn ich ein Schnäppchen mache.

7) **Ehre**
Ich habe starke Prinzipien und bin ein loyaler Mensch.

8) **Idealismus**
Ich interessiere mich für politische und gesellschaftliche Fragen und engagiere mich gerne für einen guten Zweck.

9) **Beziehungen**
Ich brauche Menschen um mich herum, habe viele Freunde und bin sehr gesellig.

10) **Familie**
Meine Familie ist der Mittelpunkt meines Lebens. Ohne Kinder wäre ein Leben sinnlos.

11) **Status**
Ich liebe Luxus und zeige gerne, was ich habe. Ich achte auch bei anderen darauf, was sie haben.

12) **Rache**
Ich liebe Wettbewerb und Konkurrenz und kann sehr aggressiv werden, wenn mir jemand die Butter vom Brot nehmen will.

13) **Eros**
Ich liebe Sex und andere leibliche Genüsse. Ich liebe das Schöne und Ästhetische.

14) **Essen**
Ich esse gerne und muss immer auf meine Figur achten. Es gibt nichts Schöneres als ein gutes Essen in einem schönen Restaurant.

15) **Körperliche Aktivität**
Ich brauche Sport, um mich zu spüren. Ich bin nur glücklich, wenn ich viel Sport treibe.

16) **Ruhe**
Ich bin schnell aus dem Gleichgewicht zu bringen und bin nicht sehr belastbar.

In Bezug auf Geld ist es sehr hilfreich, die eigenen Motive zu kennen und ernst zu nehmen. Oft kommen Probleme daher, dass wir uns die Motive nicht eingestehen oder sie zwar kennen, aber unser Leben nicht ernsthaft nach ihnen ausrichten.

Martin Scholz war sehr unzufrieden. »Ich bin in meinem Job sehr gut«, sagte der sportliche, dynamische Mittdreißiger, »aber finanziell bin ich jetzt schon bei meinen Grenzen angekommen.«

Martin Scholz arbeitete als Krankenpfleger in einem Altenheim. Bereits seine Eltern hatten diesen Beruf ausgeübt und der Sohn lernte ihn, »weil es einfach so war bei uns. Man wurde halt Krankenpfleger.« Er hatte eine Leitungsposition erreicht und kam trotz Schichtzuschlägen nicht über einen Nettolohn von 2 000 Euro hinaus. In seiner Freizeit trainierte er mehrere Stunden täglich für sein großes Ziel, den »Ironman« für Triathleten.

Wir arbeiteten zunächst an seinen Motiven. Neben »körperlicher Aktivität« kamen »Unabhängigkeit« und »Macht« zutage. Gefolgt wurden die Hauptmotive von »Status« und »Eros«. Geld, so das klare Ergebnis, war die Voraussetzung für alle Grundmotive. Und wahrscheinlich wurde das Grundmotiv »Macht«, das er in seiner beruflichen Position nicht ausleben konnte, von »Körperlicher Aktivität« im Wettbewerbsbereich kompensiert. Ich empfahl Martin Scholz, seine Energien in den nächsten beiden Jahren auf einen klaren beruflichen Aufstieg und darauf zu konzentrieren, ein mindestens doppelt so hohes Einkommen zu generieren. Sein Siegeswille war dabei sehr wertvoll und musste vom Sport in den beruflichen Bereich übertragen werden.

Martin Scholz war sehr erleichtert über diese Erkenntnisse. Er fühlte sich zum ersten Mal gesehen und hatte das Gefühl, der Mann sein zu dürfen, der er wirklich war. Kein Helfer, sondern ein Macher, der Ziele hatte und bereit war, einen Preis dafür zu zahlen, sie zu erreichen. Martin Scholz begann ein Studium zum Gesundheitsmanager und verbrachte die Wochenenden zu einem großen Teil an seinem Schreibtisch. Den Sport schränkte er auf das für ihn nötige Maß ein, den Rest investierte er in seine berufliche und finanzielle Zukunft.

Nach zwei Jahren schloss er die Fortbildung mit Auszeichnung ab und stieg über die Kontakte, die er während des Studiums geknüpft hatte, sofort ins Management eines Krankenhauses ein. Zwei Jahre später war sein Nettogehalt doppelt so hoch wie an dem Tag, an dem er ins Coaching gekommen war. »Ich habe noch eine Menge Pläne«, erzählte er mir strahlend. »Das ist erst der Anfang. Ich lebe jetzt endlich so, wie es wirklich zu mir passt, und erfülle mir Träume, an die ich vorher nicht einmal zu denken gewagt hatte.« Nebenbei trainiert er mittlerweile für den Berlin-Marathon, den er mit Kollegen aus seinem Führungsteam absolvieren will.

Martin Scholz hat alle Stufen durchschritten, die er brauchte, um ein gutes Verhältnis zu Geld zu bekommen. Er setzte sich mutig mit der Realität auseinander, arbeitete neue Ziele aus, die zu seinen Grundmotiven passten und war bereit, hart dafür zu arbeiten. Der Erfolg kam nicht mit einem Fingerschnipp, aber er kam stetig und sicher, weil er bereit war, dranzubleiben und auch schwierige Durchhaltephasen zu überstehen. Der eigentliche Schlüssel war jedoch, zu erkennen, dass seine Grundmotive »Macht«, »Status«, »Unabhängigkeit« und »Eros« auf einem hohen finanziellen Niveau deutlich befriedigender zu erfüllen waren als mit wenig Geld in der Tasche. Martin Scholz entschloss sich einfach, zu dem Menschen zu werden, der er wirklich war. Jeden Tag stärkte er sein Selbstwertgefühl und damit sein Verhältnis zu Geld.

Es gibt Grundmotive, die ein wichtiger Anreiz dafür sein können, Geld zu verdienen und Wohlstand zu schaffen. »Status«, »Macht«, »Unabhängigkeit«, aber auch »Eros« und »Ruhe« lassen sich mit Geld leichter erreichen. Geld ist für diese Grundmotive wie ein »Schmiermittel«, und es wundert mich deshalb nicht, dass viele wohlhabende Menschen von diesen Grundmotiven geleitet sind. Aber auch »Idealismus« oder »Neugier« lassen sich mit einem guten Finanzpolster leichter verwirklichen. Das Grundmotiv »Sparen«führt zwar oft zu Wohlstand, sorgt aber im schlechten Fall dafür, dass ein Mensch sein Vermögen nicht mehr genießen kann und zum zwanghaften Sparer wird. Verzicht wird dann zur Lebensregel und führt nach und nach dazu, dass Beziehungen und Lebendigkeit aus dem Leben verschwinden. Diese Art von falschem Reichtum ist wieder eine Kompensation oder starke Übertreibung von dahinterliegenden Werten. Wenn Sparsamkeit nicht zum Selbstzweck oder Kontrollinstrument über andere wird, ist ansonsten generell nichts gegen sie zu sagen.

Finanzielle Ziele haben

Viele Menschen leben finanziell in den Tag hinein. Mit dem Motto »Keine Ahnung, was ich heute verdient habe, keine Ahnung, was in zehn Jahren sein soll« wird sich aber auf die Dauer kein Vermögen bilden oder halten lassen. Ein Ziel zu haben ist ein Motivationsschub, dessen Kraft wir ruhig auch für unsere Finanzen nutzen können. Untersuchungen haben gezeigt, dass Eigenheimbesitzer mehr Geld sparen und insgesamt ein größeres Vermögen anhäufen als Mieter. Kein Wunder: Eigenheimbesitzer haben ein Ziel. Das Häuschen soll bis zum Tag X schuldenfrei sein. Sie wissen genau, was jeden Monat verdient werden muss, damit der Kredit bedient wird und die Lebenshaltungskosten gedeckt sind.

Ein finanzielles Ziel zu haben und zu verfolgen kann sehr befriedigend sein. Es ermöglicht uns, Geldthemen ernst zu nehmen, weil etwas, was uns sehr am Herzen liegt, damit verbunden ist. Das muss nicht unbedingt ein Konsumziel wie ein Haus, ein Auto oder ein Urlaub sein. Es kann sich auch auf den Verdienst, den man erreichen will, beziehen. Ich halte zum Beispiel jedes Jahr Rückschau und plane meine Einkommens- und Investmentziele. Das ist für mich eine große Motivation zu Jahresbeginn und hält mich auch in anstrengenden Phasen bei Laune. Ich freue mich, wenn ich auf dem richtigen Weg bin und weiß, zu welchen Aufträgen ich Nein sagen muss oder Ja sagen kann.

Für Angestellte empfehle ich, sich ähnlich bewusste Einkommensziele zu setzen. Planen Sie, wenn das in Ihrem Unternehmen möglich ist, Ihre Bonusziele für das nächste Jahr. Denken Sie darüber nach, wann eine Gehaltserhöhung und/oder ein Karrieresprung nötig ist, damit Sie die nächste Stufe Ihrer Einkommensentwicklung genießen können.

Wichtig ist, dass Sie eine Zielrichtung haben, wohin sich Ihr Einkommen und Ihr Vermögen bewegen sollen. Machen Sie sich Gedanken darüber, welches finanzielle Potenzial Sie haben – das heißt, denken Sie darüber nach, wie viel »Luft« noch drin ist bei Ihren Einnahmen. Grundsätzlich gilt, dass Bildung und Selbstständigkeit Ihr Potenzial erhöhen. Wenn Sie nicht der Typ für eine selbstständige Tätigkeit sind, denken Sie über eine Fortbildung oder eine neue Ausbildung nach, um Ihr Potenzial nachhaltig zu verbessern. Es ist wichtig, dass Sie eine Ausbildung auch nach finanziellen Aspekten auswählen. Sie sollten sich immer darüber bewusst sein, welche Ihrer Ziele welche finanziellen Auswirkungen haben.

Ihr Ziel ist wie ein innerer Kompass, der Ihnen immer zeigt, ob alles in die richtige Richtung geht. Ziele sind damit auch ein Frühwarnsystem, das anzeigt, wenn Sie finanziell an Kraft verlieren. Es signalisiert Ihnen genau, wann Handlungsbedarf besteht. Sie sollten finanziell immer etwas Wasser unterm Kiel haben, wie die Norddeutschen sagen. Auch dann, wenn Sie sich aus Schulden herausarbeiten. Das Ziel sollte anspruchsvoll, aber erreichbar sein, und es darf nicht so eng gezogen sein, dass Sie ernsthafte Probleme bekommen, wenn Sie es nicht erreichen.

Sich selbstsicher behaupten

Selbstsicherheit auf der Einnahmenseite

Ziele selbstsicher verwirklichen: Das Geld einsammeln
Sich anspruchsvolle Ziele zu setzen ist die eine Sache. Sie zu verwirklichen ist die andere. Wir bauen unser Selbstwertgefühl und unseren Erfolg in der Welt Schritt für Schritt aus, je häufiger und selbstverständlicher wir uns auch gegen Widerstände durchsetzen. Es geht nicht darum, wie ein Haudegen durch die Gegend zu laufen und

finanzielle Forderungen zu stellen. Aber es spricht nichts dagegen, rechtmäßige Forderungen zu stellen und sie durchzubringen, auch wenn es manchmal Mut kostet und unangenehme Gefühle bringt.

Was auch immer Sie tun werden, um Ihr finanzielles Potenzial zu verwirklichen: Die erste Regel ist, dass Sie nicht dazu auf der Welt sind, die Erwartungen anderer zu erfüllen. Das gilt natürlich auch für die anderen, die nicht dazu da sind, Ihre Erwartungen zu erfüllen. Und wenn Sie nicht dazu da sind, die Erwartungen anderer zu erfüllen, dürfen Sie für sich auch das verlangen, was zu Ihnen passt. Das, was Sie verdient haben für die Tätigkeit, die Sie in einer bestimmten Qualität anbieten.

»Selbstbehauptung heißt, den eigenen Wünschen, Bedürfnissen und Werten Rechnung zu tragen und dies in angemessener Weise praktisch zum Ausdruck zu bringen«,[15] sagt Nathaniel Branden, der Selbstwert-Experte. »Rechnung zu tragen« dürfen wir dabei durchaus wörtlich nehmen. Es geht darum, das Geld zu nehmen, das wir verdienen und das wir brauchen, um ein zu uns passendes Leben zu führen. Dazu muss ich wissen, dass meine eigenen Wünsche und Ideen wichtig sind, dass meine Arbeit gut ist, dass ich etwas kann und es verdient habe, dafür gutes Geld zu bekommen. Ich muss also an meine Ziele und deren Berechtigung glauben. Wenn ich das weiß, geht es nur noch darum, dieses Geld für meine Arbeit oder meine Investitionen auch einzutreiben.

»Ich weiß nicht«, sagte Robert Körner, ein selbstständiger Kameramann, der sich darauf spezialisiert hatte, Firmendarstellungen für kleine und mittlere Unternehmen zu produzieren: »Ich verschrecke doch meine Kunden, wenn ich diesen Preis verlange.« Wir hatten in mehreren Sitzungen ein Preismodell erarbeitet, das sowohl seine Kosten als auch sein Können und die Wünsche, die er für seinen Lebensstandard hatte, einrechnete. Ich antwortete ihm trocken, dass es beim Geldverdienen nicht darum ginge, sich beliebt zu machen, sondern eine gute, wertvolle Leistung anzubieten und dafür eine entsprechende Entlohnung zu bekommen. Robert Körner hatte ein Argument ins Feld geführt, das ich in meiner Arbeit gut kenne.

Verraten Sie Ihre Sache nicht um der Beziehung willen

In der Kommunikation zwischen zwei Menschen gibt es zwei Ebenen: die Beziehungs- und die Sachebene. Ideal ist es, in Verhandlungen um Honorare, Gehalt oder Preise auf der Sachebene klar und deutlich zu bleiben und gleichzeitig eine gute Beziehungsebene zu wahren. Menschen, die ihre Leistungen zu billig verkaufen, tun dies meistens, weil sie befürchten, die Beziehungsebene zu verlieren. Gewiefte Verhandler merken das sofort. Wenn ihr Gegenüber alles tut, um nett zu wirken, wissen sie, dass dieser Mensch bereit ist, seine legitimen Interessen nur um der scheinbar guten Beziehung willen zu verraten. Beliebt sein oder bleiben zu wollen hat meist mit Angst zu tun – mit der Angst, Konflikten nicht gewachsen zu sein, die auftreten können, wenn man bei sich und seinen Interessen bleibt. Und dahinter liegen alle drei einschränkenden Geldmuster, die wir in diesem Buch kennengelernt haben: Im Grunde habe ich nicht mehr verdient, im Grunde darf ich gar keine Interessen anmelden, eigentlich kann ich nicht viel und außerdem ist die Welt schlecht und es ist besser, das zu nehmen, was mir andere anbieten, als Ärger oder gar nichts zu bekommen.

»Aber was mache ich, wenn mir die Kunden dann abspringen?«, fragte mich Robert Körner mit weit aufgerissenen Augen.

»Kunden, die Ihnen dann abspringen, sind nicht gut für sie«, antwortete ich.

»Aber besser irgendein Kunde als gar kein Geld!«, konterte er.

»Genau das ist falsch. Wer Ihre legitimen finanziellen Interessen nicht achtet und lediglich daran interessiert ist, Ihre Fähigkeiten und Ihre Lebenszeit auszubeuten, schadet Ihnen auf einer so tiefen und hintergründigen Ebene, dass Sie sich einen solchen Kunden keinesfalls leisten können. Er schädigt Sie an Ihren Wurzeln. Er untergräbt Ihr Selbstwertgefühl, Ihre Selbstachtung, Ihr Vertrauen in Ihre Fähigkeiten. Schlimmer kann es gar nicht kommen.«

Robert Körner ließ sich auf das Experiment ein und legte seinen Kunden komplett überarbeitete Preislisten vor. Nach sechs Wochen trafen wir uns wieder.

»Ich habe einige Kunden verloren«, sagte er, »aber ich habe es gar nicht glauben können: Die meisten sind geblieben. Und einige haben mir sogar zugezwinkert und gesagt: Wir verstehen Sie. Wir haben uns immer gefragt, warum Sie so wenig verlangen.«

Es stellte sich heraus, dass genau die Kunden, die absprangen, die Kunden waren, die am unfreundlichsten das meiste forderten, unzuverlässig waren und sich ihrerseits überhaupt nicht um eine gute Beziehung zu Robert Körner bemüht hatten.

Ich rate vielen Selbstständigen, schlechte, unfreundliche und unfaire Kunden sofort und ohne Umschweife aus der Liste zu streichen. Sie haben es tatsächlich nicht verdient, unsere Talente, Fähigkeiten und unsere Lebenszeit zu verbrauchen. Ich halte es selbst so und habe es noch keinen Moment bereut. Bei allen, wirklich allen meinen Klienten hat das zu einer Befreiung, zu neuen Kräften und völlig neuen finanziellen Erfolgsdimensionen geführt. Es war wie der Beschnitt von abgestorbenen Ästen bei einem Obstbaum. Die Früchte kamen umso mehr, je strenger beschnitten wurde.

Tipps für Angestellte

Wie ist es, wenn Sie angestellt sind? Die Prinzipien sind die gleichen. Stellen Sie sich folgende Fragen:

- Was kann ich?
  Beschreiben Sie so genau wie möglich, welche Fähigkeiten Sie haben. Was können Sie fachlich, wofür haben Sie ein Händchen, welches Potenzial haben Sie, das heißt, wie steil ist Ihre Lernkurve? Wie schnell und wie gründlich arbeiten Sie sich in neue Felder ein? Wie gut können Sie mit anderen Menschen zusammenarbeiten? All das sind bare Werte für Unternehmen, die Sie einstellen.

- Wie sind die Marktpreise?
  Erkundigen Sie sich genau, wie viel man für Ihre Tätigkeit bekommt. Wie viel verdient man in Ihrem Beruf in Ihrem Alter und in Ihrer Region? Fragen Sie Freunde oder gute Kollegen. Die Agentur für Arbeit, das Statistische Bundesamt oder das Internet, zum Beispiel die Gehaltsstudien der Personalberatung Kienbaum und entsprechende Pressemitteilungen, geben Auskunft. Auch Publikumszeitschriften veröffentlichen Lohn- und Gehaltslisten (zum Beispiel der *Stern*).

- Was ist an meiner Leistung anders – wertvoller oder weniger wertvoll?

Arbeiten Sie heraus, was Sie besonders macht: Warum bin ich mehr Geld als der Durchschnitt wert? Wie gut bin ich fachlich? Wie effizient bin ich in meinem Selbstmanagement? Wie effektiv kann ich mich selbst führen, geführt werden oder andere führen? Wenn Sie der Meinung sind, dass Ihre Leistung objektiv weniger wert ist, können Sie sich fragen, ob Sie an Ihrem Verhältnis zu Geld arbeiten müssen, Kompromisse machen oder die Fähigkeiten, die Ihnen noch fehlen, aufbauen.

- Was spart mein Kunde, mein Chef durch meine Arbeit?

Diese Rechnung ist meistens sehr spannend und nützlich. Ich habe einem Ghostwriter (eine Person, die Bücher für andere schreibt) einmal geraten, die Tagessätze seiner prominenten Kunden zu recherchieren. Die Menschen, für die er schrieb, verdienten mehr als 2 000 Euro pro Tag. Er aber bot an, ihnen ein Buch für insgesamt 3 500 Euro zu schreiben und dafür zwei bis drei Monate zu arbeiten. Wir rechneten nüchtern nach. Sein Kunde verdiente in der Zeit, in der er für ihn ein Buch schrieb, satte 80 000 bis 120 000 Euro. Damit sparte der Ghostwriter ihm genau diesen Betrag ein. Denn er hätte seine Arbeitskraft für 60 Tage nicht verkaufen können, wenn er das Buch selbst geschrieben hätte – selbst wenn er es genauso gut und schnell geschafft hätte wie ein professioneller Ghostwriter. Mein Klient hängte schließlich mit gutem Recht eine Null an sein Angebot und verkaufte den Buchvertrag schließlich für 35 000 Euro. Sein Kunde sparte immer noch, hatte aber einen professionellen Autor und konnte sich beruhigt auf ein gutes Ergebnis verlassen. Mein Klient hatte aber vor allem sein Jahresgehalt endlich in die richtige Richtung gebracht.

Auch wenn Sie angestellt sind, können Sie sich fragen, welchen Mehrwert Sie Ihrem Unternehmen in Euro und Cent bringen. Was ersparen Sie Ihrem Arbeitgeber durch Ihr Qualitätsmanagement? Wie viel bringen Sie ihm durch Ihre guten Verkaufs- und Beratungsfähigkeiten?

- Was bekommt mein Arbeitgeber – auch an nicht greifbaren Vorteilen?

Dieser Faktor wird sowohl von Angestellten als auch von Selbstständigen oft sträflich vernachlässigt und grob unterschätzt. So wichtig die sachliche und fachliche Ebene bei einer Tätigkeit sind – die Beziehungsebene ist genauso wichtig. Fragen Sie sich also: Bin ich ein netter Mensch? Habe ich Stil und gute Kontakte? Habe ich Humor? Wie viel Spaß macht es, mit mir zusammenzuarbeiten? Wie schnell entwickle ich mich weiter?

Gehaltsverhandlungen selbstbewusst führen

Ein wichtiger Punkt bei Gehaltsverhandlungen ist das Potenzial, das Sie bieten. Gerade Berufseinsteiger müssen das wissen. Man bezahlt Sie nicht für Ihre Fähigkeiten, sondern für die Aussichten, dass Sie außergewöhnliche Fähigkeiten entwickeln werden. Man wettet quasi auf Neueinsteiger und hofft, dass die Wette aufgeht.

Aus der Verkaufsforschung wissen wir, dass selbstbewusst auftretende Verkäufer mehr verkaufen. Warum? Sie geben ihren Kunden ein Gefühl von Sicherheit – eines der wichtigsten Gefühle, die wir kennen. Wenn Sie in Gehalts- oder Honorarverhandlungen unsicher, ängstlich und zurückhaltend auftreten, vermitteln Sie Ihrem Gegenüber unter Umständen ein Gefühl von Unsicherheit, das dazu führt, dass Sie den Job entweder nicht oder für viel zu wenig Geld bekommen und die gegenseitige Arbeitsbasis von Anfang an wackelig ist.

Natürlich dürfen Ihre Vorstellungen nicht ins übertriebene Gegenteil umschlagen: Übertriebene Forderungen, die nicht durch Ihre Person, Leistung oder die Nachfrage, die auf dem Markt nach Ihren Fähigkeiten besteht, gerechtfertigt ist, stoßen ab und bringen Sie und Ihre möglichen Geldgeber nicht weiter. Wenn der zu Beginn dieses Buches aufgeführte Schäfer kranke Lämmer anbieten oder das Doppelte dessen verlangen würde, was seine Konkurrenten bei gleicher Qualität anbieten, kann er nicht mit Erfolgen rechnen. Selbstbewusstsein enthält das Wort »Bewusstsein«. Zu wissen, wo wir mit unseren Fähigkeiten genau stehen, und einen uns selbst gegenüber wohlwollenden Realismus an den Tag zu legen, ist unerlässlich. Auch diese Bewusstheit ist, so Nathaniel Branden, ein Baustein unseres Selbstwertgefühls. Und das wiederum stärkt unsere Finanzen.

Es gehört aber nicht nur Selbstbewusstsein, sondern auch eine Portion Mut dazu, sich für die eigenen Interessen einzusetzen. Und das ist auch gut so! Es braucht tatsächlich Mut, sich gegen den Massentrend und die Interessen anderer als Individuum zu zeigen und dafür öffentlich einzustehen, dass wir wissen, wer wir sind und was wir wert sind. Selbstwertgefühl und Selbstbewusstsein bauen sich in Situationen auf, in denen wir Mut und Rückgrat zeigen müssen.

Es ist auf den ersten Blick viel leichter, sich irgendwelchen Bräuchen und Tarifen unterzuordnen oder sogar »froh« zu sein, ein mickriges Gehalt statt gar nichts zu bekommen, als aufzustehen und sich den Ort zu suchen, an dem die eigene Person und Arbeit gewürdigt und gewertschätzt, also ordentlich bezahlt wird. Das Schöne an mutigen Taten ist, neben dem Geld, der Stolz, mit dem wir belohnt werden. Ich erlebe in Seminaren oder Coachings oft, wie sehr sich Menschen heute nach Freiheit, ein wenig Spannung und wenigstens einen Hauch Abenteuer sehnen. Viele sind das Leben in der Komfortzone satt und wollen lieber etwas riskieren, als in der gewohnten Umgebung nach und nach geistig, persönlich und finanziell zu degenerieren.

Women don't ask: Frauen fragen nicht

Mut ist besonders bei Frauen gefragt. Die amerikanische Verhandlungsforscherin Linda Babcock hat in ihrem Buch *Women don't ask* erstaunliche Dinge herausgefunden.[16] Auf die Frage an einen Professor, warum er in einem typischen »Frauenfach« nur männliche Assistenten eingestellt hätte, obwohl ein Großteil der Studenten weiblich sei, antwortete er trocken: »Sie haben mich nicht gefragt.« Das hat eine Welle von Forschungen losgetreten. Frauen fragen nicht, das heißt laut Babcock, dass Frauen schlicht und einfach nicht ausreichend aktiv für ihre Interessen eintreten. Sie warten darauf, Angebote zu bekommen, entdeckt und gefördert zu werden, und trauen sich nicht, ihre legitimen Wünsche und Forderungen anzusprechen.

Das hat viele Gründe. Mädchen lernen zum Beispiel von klein auf, »lieb« und »nett« zu sein, um als Mädchen anerkannt und geliebt zu werden. Sich durchzusetzen, für seine Position zu kämpfen und auch mal über die Grenzen zu treten, wird bei Jungen belohnt und bei Mädchen entweder direkt oder über irritierte Reaktionen der Erwachsenen bestraft.

Leider tendieren sowohl Männer als auch Frauen dazu, Frauen, die sich forsch für ihre Interessen einsetzen, als unsympathisch einzuschätzen. Versuche haben das bestätigt. Ein gemischtes Publikum wurde gebeten, männlichen und weiblichen Testpersonen, die eine Verhandlungssituation spielten, Sympathiepunkte zu geben und selbst zu entscheiden, ob sie der Person das gewünschte Gut oder Gehalt gegeben hätten. Männer wie Frauen gaben den freundlich-zurückhaltend auftretenden Frauen mehr Punkte und bestraften die wie ihre männlichen Partner auftretenden Kolleginnen mit deutlichen Punktabzügen. Frauen müssen also tatsächlich fürchten, auf der Beziehungsebene abgestraft zu werden, wenn sie zu dominant auftreten. Was Männern Pluspunkte und Ansehen bringt, kostet Frauen Akzeptanz.

Beziehungsgefährdungen sind rein neurobiologisch gesehen keine einfache Sache. Joachim Bauer hat das in seinem beeindruckenden Buch *Prinzip Menschlichkeit* geschildert.[17] Wir Menschen sind auf gelungene Beziehungen gepolt und schütten eine Menge Glücks- und Motivationshormone aus, wenn Interaktionen mit anderen Menschen gelingen. Umgekehrt schütten wir unangenehme und ungesunde Stresshormone aus, wenn sie misslingen. Ich habe den Eindruck, dass gerade Frauen der Preis von Stresshormonen zu hoch ist und sie besser mit dem Verrat eigener Interessen umgehen können als mit dem Stress und den latenten Bedrohungsgefühlen, die entstehen, wenn man sich selbstsicher behauptet, auch einmal beschwert und sich widersetzt. Nur eines, meine lieben Schwestern: Wir kommen tatsächlich nicht weit, wenn wir in diesem Punkt nicht mehr Risiken eingehen. Der Preis, den wir mit Selbstverleugnung zahlen, ist viel höher, als wir vielleicht glauben: Es kostet uns Selbstwertgefühl, das bei vielen von uns sowieso schwächer ausgeprägt und weniger gefördert wurde und wird als bei unseren Brüdern.

Wer sich behaupten will, muss auch die Bereitschaft zum Beziehungsabbruch signalisieren. Auch das haben neurobiologische Forschungen gezeigt. Wir arbeiten am motiviertesten mit Menschen, die uns sowohl fair und freundlich als auch selbstbewusst begegnen. Dieses Selbstbewusstsein enthält die latente Möglichkeit, dass unser Gegenüber auch einmal »Stopp« sagt, wenn wir zu weit gehen. Wie bei guten Eltern bringt diese fühlbare innere Grenze, die im Konflikt auch offen gezeigt wird, ein Gefühl von Sicherheit bei unserem Gegenüber. Schwach auftretende Menschen werden gerade von stark auftretenden Menschen häufig unterschätzt. Kenner der Macht wissen, dass gerade »Schwache« auf Nebengleise und Hintergrundspiele angewiesen sind, um trotzdem zu überleben und ihre Position zu behaupten. Deshalb bringt es immer Sicherheit, wenn unser Gegenüber offen und selbstbewusst auftritt. Wir können dann beruhigt damit rechnen, dass es auch in Zukunft mit rechten Dingen zugeht. Denken Sie darüber vielleicht einmal nach, wenn Sie selbst Dienstleister zu einem Dumpingpreis verführen oder zwingen wollen. Wer billig kauft, kauft zweimal, hat bereits meine Großmutter gesagt.

Achtung: Perfektionismusfalle!
Eine Klientin arbeitete als freiberufliche Moderatorin und Trainerin. Sie war eine ausgesprochen versierte, erfahrene und gute Moderatorin. Die Rückmeldungen ih-

rer Kunden waren fantastisch. Aber sie klagte: »Ich traue mich nicht, mehr Honorar zu verlangen, weil dann der Druck für mich so sehr steigt. Solange ich für wenig Geld arbeite, bin ich entspannt, kreativ und experimentierfreudig. Wenn das Honorar einmal höher ist, verkrampfe ich und habe keinen Spaß mehr bei der Arbeit.« Wir analysierten gemeinsam ihr gesamtes Geldverhältnis und stießen auf einen wichtigen Knotenpunkt, der vor allem Frauen bekannt sein dürfte: Perfektionismus.

»Ja, ich denke, wenn ich ordentlich Geld kriege, muss ich perfekt sein. Und dann habe ich Angst oder keine Lust mehr.«

Perfektionismus ist eine Folge der beiden Geldmuster »Ich habe es nicht verdient« und »Ich bin nicht gut genug«. Und zwar in der Weise, dass man den Eindruck hat, nur dann etwas verdient zu haben, wenn man es perfekt kann. Es gibt nur wenig stärkere innere Antreiber und wenig stärkere Demotivatoren als Perfektionismus.

Gute Leistungen entstehen nicht durch angestrengtes Perfektseinwollen. Sie entstehen dadurch, dass ein Mensch einer Tätigkeit seine absichtslose Aufmerksamkeit widmet. Nur so entsteht der Flow, der Spaß bei der Arbeit und gleichzeitig hervorragende Leistung bringt. Wenn wir uns bereits vor oder während der Arbeit selbst mit dem Rasiermesser der Bewertung und Kritik behindern, dürfen wir uns nicht wundern, wenn es schiefläuft.

Die Angst meiner Klientin war also berechtigt und der erste Schritt war, ein neues, angemessenes Leistungsbewusstsein zu erarbeiten. Von diesem Punkt an war sie in der Lage, ihre hervorragende Qualität, ihre Motivation, ihre Erfahrung und ihr Potenzial zu einem angemessen hohen Preis, der endlich Freude machte, zu verkaufen.

Die Perfektionismusfalle ist genauso für Angestellte

eine Gefahr und führt dazu, dass ganze Heerscharen hoch qualifizierter und hoch motivierter Menschen für ein viel zu geringes Gehalt arbeiten. Wenn Sie gute Leistungen zu einem guten Preis bringen möchten, sollten Sie wissen, was sehr erfolgreiche Persönlichkeiten auszeichnet: ein dynamisches Selbstbild.

Das Geheimnis eines dynamischen Selbstbildes
Ein dynamisches Selbstbild ist das Gegenteil eines statischen Selbstbildes. Beim statischen, das heißt unbeweglichen Selbstbild haben wir ein bestimmtes Bild von unserem Können. Wir sagen: Ich kann dieses gut und jenes nicht. Das statische Selbstbild führt nun dazu, dass wir uns nur noch an das wagen, von dem wir meinen, es zu können, und das meiden, was wir angeblich nicht so gut können. Wenn wir es trotzdem tun, neigen wir dazu, es zu »verhageln«.

Was ist die Alternative? Die amerikanische Leistungsforscherin Carol Dweck hat herausgefunden, dass sehr erfolgreiche Menschen sich weder im Guten noch im Schlechten auf bestimmte Fähigkeiten festlegen.[18] Sie sagen sich: Im Moment kann ich dieses und jenes noch nicht so gut, aber ich kann es mir aneignen. Sie legen ihren Fokus auf ihre Fähigkeit, Fähigkeiten zu erwerben und die Qualität ihrer Tätigkeit zu verbessern. Sie schränken sich damit in keine Richtung ein.

Ein statisches Selbstbild entwickelt sich durch das Lob und den Tadel, die wir im Laufe unseres Lebens als Feedback für unsere Anstrengungen bekommen haben. »Du bist gut in Mathe, aber schlecht in Sprachen«, heißt es da schon, wenn wir noch nicht einmal in der Pubertät sind. Später wird das mit hoher Wahrscheinlichkeit so bleiben. Im Vorteil sind die Menschen, die Erwachsene um sich haben und hatten, die sie ermutigen, statt zu loben und zu tadeln. Anstrengung, Fleiß, Dranbleiben – die Eckpunkte aller Erfolgseigenschaften sollten gestützt werden, nicht die Endergebnisse. Selbst wenn Sie es als junger Mensch anders erlebt haben: Sie können jederzeit damit beginnen, sich selbst diesen Kredit zu geben, und ein statisches durch ein dynamisches Selbstbild ersetzen.

Auch in ganz konkreten Finanzfragen ist es hilfreich, ein statisches durch ein dynamisches Selbstbild zu ersetzen. Es würde in etwa so klingen:

Bisher habe ich mein finanzielles Potenzial noch nicht voll ausgeschöpft. Ich habe bisher noch nicht das zu mir passende Einkommensniveau erreicht und auch nicht das an Vermögen aufgebaut, was zu mir und meinen Fähigkeiten passt. Ich kann aber jederzeit dazulernen und mich verändern. Ich kann daran arbeiten und es schaffen, ein ganz neues Niveau zu erreichen, und mir den Wohlstand aufbauen, der zu mir passt. Auch wenn ich bisher falsche Investitionsentscheidungen getroffen habe oder mich an meinem Arbeitsplatz habe ausbeuten lassen: Ich kann das Rad jederzeit drehen und mit Konzentration und Ausdauer zu neuen Ufern aufbrechen.

Veränderung kostet Kraft und braucht Zeit. Und nicht jeder Preis lässt sich auf Anhieb oder bei jedem durchsetzen. Hier sind wir wieder beim Thema der persönlichen Kompetenzen: Geduld, Beharrlichkeit und Frustrationstoleranz sind gefragt, wenn wir dranbleiben und damit weiterkommen wollen. Es ist wichtig, Niederlagen auch loslassen zu können und sein dynamisches Selbstbild weiter in Schwung zu halten: Diesmal habe ich es nicht geschafft, aber ich werde lernen und dafür sorgen, dass es nächstes Mal besser klappen kann.

Zusammenfassung

Es ist für unser Selbstwertgefühl und damit für unseren finanziellen Erfolg unerlässlich, dass wir lernen, uns selbstsicher zu behaupten, unsere Interessen anzusprechen und angemessen durchzusetzen. Es hilft in der Praxis sehr, sich Termine zu setzen, um das längst fällige Gehaltsgespräch oder die Suche nach einer anderen Stelle in Gang zu bringen.

Gehalts- oder Honorarverhandlungen erfordern eine sehr gute Vorbereitung, am besten nach den oben vorgestellten Fragen. Es schadet auch nie, sich ein Verhandlungstraining oder -coaching zu gönnen, um mit Techniken des Gegenübers besser vertraut zu sein. In der Situation selbst ist es hilfreich, klar, laut und deutlich zu sprechen und unserem Gegenüber in die Augen zu schauen. Wenn wir gut vorbereitet sind und unsere Worte angemessen wählen, ist das in der Regel kein Problem mehr. Unsere Sprache sollte keine »Weichmacher« enthalten und es ist gut, wenn wir schnell zur Sache kommen, ohne bei der Gehaltsverhandlung zunächst eine halbe Stunde lang über Urlaube etc. zu sprechen. Bleiben Sie beim bewährten Harvard-Prinzip der Verhandlungsführung: Seien Sie hart und konkret in der Sache und weich auf der Beziehungsebene, ohne für die Beziehung Ihre Sache in Gefahr zu bringen. Im Notfall können Sie das Gespräch abbrechen oder vertagen. Aber lassen Sie sich nicht von emotionalen Erpressungs- und Verhandlungsprofis den Schneid, Ihre Selbstachtung und Ihr Selbstwertgefühl abkaufen.

Zum Abschluss noch ein kleiner Praxistipp für Ihre nächste Gehalts- und Honorarverhandlung: Fragen Sie sich, nachdem Sie alle Fragen von oben beantwortet haben: Welcher Betrag passt und fühlt sich gut an? Den passenden Betrag erhöhen Sie noch um 10 Prozent. Experimentieren Sie damit! Sie werden staunen, wie sich Ihre Einnahmenseite verbessert. Falls Sie nicht verhandeln können, weil Sie an bestimmte Tarife oder Bezüge gebunden sind: Denken Sie über zusätzliche Einnahmequellen nach. Wenn Sie schneller weiterkommen wollen, können Sie aber natürlich auch über einen Jobwechsel nachdenken.

Selbstsicherheit beim Geldausgeben

Es gibt wohl wenige Themen, die auch unter sehr verliebten Paaren so strittig sind, wie das Geldausgeben. Das Klischee von der Frau, die die Kreditkarte ihres Mannes beim samstäglichen Shopping leerräumt, ist nicht erst seit »Pretty Woman« ein Dauerbrenner. Aber auch Frauen klagen darüber, dass ihre Männer Geld für unsinnige Hobbys und Dinge ausgeben, »die kein Mensch braucht«.

Der Vater einer meiner Freundinnen war süchtig danach, Bücher zu kaufen, und verschleuderte das Familieneinkommen jeden Monat dafür, neue Stapel an Bildbänden in der Wohnung anzuhäufen. Als ich meine Freundin einmal besuchte, musste ich mich durch die Bücherstapel schlängeln, die überall auf dem Boden wuchsen, denn die Wände waren in der 160-Quadratmeter-Wohnung bereits voll damit. Die Mutter meiner Freundin war nicht in der Lage, dem Treiben Einhalt zu gebieten. Als sie viel zu früh starb, hinterließ sie ihren drei Kindern nichts als den Vater und die Bücherstapel.

Ausgabeentscheidungen bewusst treffen und umsetzen

Selbstsicherheit beim Geldausgeben heißt, dass man auch gegen den Widerstand äußerer oder innerer Stimmen bewusste Entscheidungen trifft, wofür man sein Geld ausgibt, und diese klar und deutlich durchsetzt.

Ich finde, Geldausgeben sollte man so bewusst genießen wie alle wirklich schönen Dinge im Leben. Man sollte sich darauf freuen, es wirklich auskosten und nachklingen lassen. Für mich ist es ein Akt bewussten Genusses, mich immer wieder an die tollen Momente zu erinnern, in denen ich mir Dinge gekauft habe, die mir wichtig waren.

Für mein erstes Rennrad habe ich mit 14 angefangen zu sparen, um es mit 16 an einem wunderschönen Septembertag des Jahres 1986 bar zu bezahlen. Ich blätterte ganze 1 290 D-Mark auf den Ladentisch, die ich mir vom Taschengeld und mit Loseverkaufen auf dem Straubinger Gäubodenvolksfest, einem bekannten traditionellen Rummel, verdient hatte. Stolz wie Oskar habe ich es nach Hause geschoben (!), um die Vorfreude noch länger auszukosten und mir die Ahs und Ohs der Nachbarskinder gefallen zu lassen. Ja, ich habe gerne gezeigt, was ich mir Tolles zusammengespart hatte. Ich bin sehr froh, dass ich dabei geblieben bin, mir diesen Traum zu verwirklichen und nicht weiter gespart oder etwas anderes, weniger Ersehntes gekauft habe. Heute weiß ich, dass ich mir damit bewiesen habe, dass es mir aus eigener Kraft möglich ist, mir auch große Wünsche zu erfüllen, wenn ich nur beharrlich und entschlossen dabeibleibe.

Es geht nicht nur darum, sich das, was man möchte, auch wirklich zu kaufen, sondern auch darum, im richtigen Moment selbstsicher Nein zu sagen. Auch hier tun sich Frauen häufig schwerer als Männer. Sie sprechen nicht nur seltener ihre Interessen an, sondern behaupten sich auch weniger selbstsicher bei Preisverhandlungen oder in ganz alltäglichen Situationen.

In Berlin gibt es die (Un-)Sitte, dass junge Punks an den großen Verkehrsampeln darauf warten, den bei Rot stehenden Autos die Scheiben zu wischen. Es ist ganz deutlich: Bei Männern am Steuer akzeptieren sie ein Nein sofort, bei Frauen fangen sie trotzdem einfach an, die Scheiben zu wischen. Und tatsächlich geben ihnen die Damen, die vorher deutlich Nein gesagt haben, ein Trinkgeld. Das ist natürlich alles andere als ein Zeichen von Selbstwertgefühl und Durchsetzungsvermögen.

Die Trinkgeldübung

Wie gesagt: Viele Frauen schätzen die Beziehungsebene zu einem Menschen so hoch ein und finden es so wichtig, beliebt und sympathisch zu sein, dass sie darüber ihre eigenen Interessen zu verleugnen bereit sind. Aber das sollte nicht so bleiben. Ich gebe Frauen in meinen Trainings und Coachings häufig eine sehr einfache, aber enorm wirkungsvolle Aufgabe. Sie sollen an der Ampel, in einem Café oder Restaurant nur dann Trinkgeld geben, wenn sie wirklich zufrieden mit dem Service waren. Wenn sie unzufrieden waren, sollen sie zumindest kein Trinkgeld geben. Fortgeschrittene sollen das Missfallen sogar ansprechen. Es ist immer wieder erstaunlich, wie schwer diese Übung Frauen fällt. Ich möchte mich da für die Anfangszeiten meines Selbstcoachings in Sachen »Nimm das Geld« nicht ausnehmen. Frauen haben oftmals so große Angst, noch unfreundlicher behandelt zu werden und damit die Beziehungsebene zu einem ihnen eigentlich fremden Menschen zu unterbrechen, dass sie selbst schlechte Behandlung hinnehmen und sogar noch mit Extrageld belohnen, nur um nicht noch mehr Ärger zu bekommen.

Nicht drängeln lassen

Im Alltagsbereich gilt für Männer und Frauen: Ausgaben bewusst entscheiden und dabeibleiben. Niemals auf Druck und Drängeln reagieren, und Preise selbstbewusst infrage stellen und verhandeln, wenn Sie den Eindruck haben, da könnte noch Luft drin sein. Ich bin für mich selbst dazu übergegangen, keine Entscheidung, die mit Geld zu tun hat – ob mit dem Einnehmen, Ausgeben oder Anlegen –, ohne Vorbereitung zu treffen. Das gilt sogar für den Latte macchiato um die Ecke. Wenn ich mir jeden Wochentag einen Latte für drei Euro leiste, bin ich in einem Arbeitsmonat sage und schreibe 60 Euro los. Auch hier halte ich heute einen Moment lang inne und frage mich: Muss das jetzt sein? Ich bin dann ehrlich zu mir. Wenn ja, gibt es einen Latte. Wenn nein: keinen. So einfach ist das. Seitdem werfe ich Geld nicht mehr ohne Sinn und Verstand hinaus und genieße meinen Wohlstand trotzdem so, wie ich es möchte. Bei Bettlern, Spendenaufrufen und erst recht bei Verkaufsangeboten leiste ich mir eine kritische Haltung, ohne bissig oder kleinkrämerisch zu werden. Das kostete mich zunächst Überwindung, heute gehört es für mich zu einem gesunden finanziellen Selbstwertgefühl.

Gib dem Kaiser, was des Kaisers ist

Die lieben Steuern sind für viele eines der unbeliebtesten Themen, die es gibt. Auch hier vertrete ich eine klare Haltung. Verschwenden Sie keine wertvolle Zeit, in der Sie Geld verdienen oder das Leben genießen können, mit letztlich meist nicht sehr sinnvoller Steuerfuchserei. Seit ich meine Steuern vertrauensvoll einer versierten und engagierten Steuerberaterin übergeben habe, halte ich mich an alle Regeln mit deutlich weniger Stress und Ärger. Ich kann gar nicht zählen, wie viele gute Ideen und Geschäfte ich abgeschlossen habe, während Steuerfüchse in meiner Umgebung sich mit ihren Aktenbergen und Katalogen für Steuersparobjekte abgemüht haben. Ich sorge für eine ordentliche Ablage und schöpfe die legalen Mittel aus, ohne mich mit dubiosen Steuersparanlagen abzuquälen, bei denen das Vermögen von Verwandten, Freunden und Klienten viel zu oft den Bach heruntergegangen ist oder zumindest mehr kostete, als sie einsparten. Was viele bei ihren angeblich schlauen Investitionen nicht bedacht haben, ist, dass sie das Risiko, das sie eingehen, eventuell an die nächste Generation weitervererben. Ich habe Menschen erlebt, die pleitegingen, weil die Steuersparanlage, die sie von ihren Eltern geerbt hatten, bei einer Laufzeit von 30 Jahren pleiteging. Bedenken Sie also immer, wenn Sie versucht sind, um des kurzfristigen Steuergewinns eine Anlage zu unterschreiben, was Sie sich selbst und der nächsten Generation damit an Risiken aufhalsen – egal, wie gut der Prospekt klingt.

Steuern sparen um jeden Preis ist meiner Ansicht nach nicht nur anstrengend, sondern oft auch ein Relikt störender Geldmuster: »Die Welt – und vor allem der Staat und seine Beamten – ist schlecht und hat deshalb keinen Cent von mir verdient«, sagte mir einmal ein Klient. Er war Inhaber einer großen Speditionsfirma und ich fragte ihn nur trocken: »Und wer zahlt die Straßen, auf denen Ihre Lastwagen fahren?« Natürlich ist das kein Plädoyer für sorglosen Umgang mit den eigenen Ressourcen. Auch was das Thema Steuern betrifft, sind ein klares Bewusstsein, eine gute Informationslage, gute Beratung und selbstsicheres Entscheiden gefragt.

Selbstsicherheit bei der Geldanlage

»Dieser windige Versicherungsfritze hat mir den Vertrag angedreht«, echauffierte sich einmal ein Klient, der Sparraten in eine Lebensversicherung einzahlte, die ihm nicht mal mehr einen Latte macchiato im Monat ermöglichten. Er musste seinen Lebensstandard derart einschränken, dass von Freude und Genuss trotz eines anständigen Einkommens keine Rede mehr sein konnte.

Ich bin froh über die Aktivitäten von Verbraucherschützern und die Existenz der BaFin, der Bundesanstalt, die Finanzdienstleister kontrolliert – dennoch: Eigenverantwortung ist der beste Schutz. Er ist immer gekoppelt mit der Bereitschaft, sich selbstsicher zu behaupten. Seien wir ehrlich: Wir merken meist sehr genau, wenn wir über den Tisch gezogen werden. Entweder ist das Gefühl nach einem Gespräch allzu euphorisch und weicht am anderen Morgen großer Ernüchterung oder wir merken gleich, dass etwas nicht stimmt. Auch hier gilt es, bewusst zu bleiben, mit allen Sinnen da zu sein und sich darüber klar zu sein, dass es um das eigene Geld und damit die eigene Existenzgrundlage geht – und nicht darum, die Beziehung zu einem Berater oder Verkäufer zu festigen. Letzteres ist gut und wichtig, wenn Sie zufrieden sind und den Eindruck haben, einen wirklich kompetenten Partner an Ihrer Seite zu haben. Wenn dieses Gefühl aber nur durch den geringsten Schatten überlagert ist, gilt es, die Augen selbst aufzumachen.

Lesen, lesen, lesen, mit Experten sprechen, einschlägige Sendungen im Fernsehen ansehen, das Internet und die Fachpresse zurate ziehen. Das gehört sowohl zu einer guten Geldkultur als auch zur Fähigkeit, sich gut informiert selbstsicher zu behaupten. Sie müssen lernen, die richtigen Fragen für Ihr Geld zu stellen. Sich selbst und anderen. Es sind Fragen wie diese, die Sie weiterbringen:

- Was bin ich für ein Anlegertyp: Bin ich risikobereit, rational oder eher konservativ? (Das ist übrigens eine Frage, die auch ein Anlageberater Ihnen stellen muss.)
- Welche Erfahrungen habe ich bisher mit Geldanlagen gemacht? Träume ich heimlich weiter vom Strumpf unter dem Kissen wie die Oma oder dem Sparbuch in der Küchenschublade? Ist das für mich heute noch angemessen oder sollte ich mich da weiterentwickeln?
- Welches Anlagethema will ich wirklich angehen? Will ich auf das Eigenkapital fürs Haus sparen? Will ich für mich vorsorgen? Will ich auf eine Anschaffung sparen? Will ich etwas für die Kinder oder Enkel tun?
- Wie viel möchte und kann ich anlegen? Denken Sie an die 10-Prozent-Regel, die ich Ihnen auf jeden Fall ans Herz lege: Sparen Sie 10 Prozent Ihres Einkommens, egal, wie hoch es heute ist, und Sie werden zwangsläufig zu einem gewissen Wohlstand kommen.[19] Was Sie aber damit machen, sollten Sie sich in Ruhe überlegen. Bevor Sie sich beraten lassen, sollten Sie sich eigene Gedanken machen und vielleicht entsprechende Finanzratgeber zurate ziehen.
- Wem möchte ich mich und mein Geld anvertrauen? Welche Bank, welche Versicherung, welcher Makler genießt Ihr Vertrauen oder macht Sie neugierig? Sie können ganz bewusst darauf achten, ob ein Gespräch mit diesem Menschen Ihnen Lust auf das Thema Geld macht oder Sie auf direktem Weg in alle Minderwertigkeitsgefühle zum Thema Geld hineinschubst. Sich selbstsicher im Beratungsgespräch zu behaupten heißt, dass Sie frank und frei alles ansprechen, was Sie wis-

sen wollen und was Ihnen nicht ganz klar ist. Wenn Ihnen jemand das Gefühl vermittelt, Ihre Fragen seien dumm oder nicht in Ordnung, empfehle ich Ihnen ohne Umschweife, genau das anzusprechen und dann, falls es so weitergeht, das Gespräch beherzt abzubrechen.

- So gut der Nachbar von nebenan aus dem Strukturvertrieb einer Versicherung auch sein mag: Überlegen Sie es sich trotzdem gut. Provisionen sind meiner Ansicht nach überhaupt keine Schande, wenn Kompetenz und Seriosität stimmen. Auch die Beraterin oder der Berater in der Bank bekommt Zahlen, die sie/er einhalten muss, und wird erfolgsabhängig beurteilt. Reine Sympathie oder das Gefühl, einem Freund einen Abschluss schuldig zu sein, sollte Sie aber niemals leiten – denn dann geben Sie kleinlaut nach, statt selbstsicher eigene Entscheidungen zu treffen und durchzusetzen. Komplett unabhängige Beratung ist rar. Sie heißt eindeutig, dass ein Berater oder eine Beraterin keine Produkte vermittelt, sondern ein reines Beratungshonorar verlangt und Sie selbst entscheiden, wo angelegt wird.

- Mit wem kann ich privat darüber sprechen? Hier gelten ähnliche Regeln. Sie müssen nicht machen, was der liebe Mann, die gute Frau oder der schlaue Onkel empfehlen. Sie haben einen eigenen Kopf, ein eigenes Leben und einen eigenen Bauch, der Ihnen sagen kann, wo es langgeht. Vorsicht vor selbst ernannten Fachleuten: Nehmen Sie deren Tipps ruhig auf, aber sichern Sie die Informationen nach vielen Seiten ab. Finger weg von Schneeballsystemen und anderen dubiosen Angeboten. Antworten Sie nicht auf Kleinanzeigen, die das große Geld versprechen. Da stimmt schon fast unter Garantie etwas nicht. Auch wenn Sie ein guter

Freund dazu auffordert – sagen Sie ganz klar Nein. Ich habe zu viele Menschen erlebt, die seit Jahren ihre Schulden abzahlen, weil sie einmal im falschen Moment nicht Nein gesagt haben.

- Bleiben Sie einem Berater treu, wenn Sie zufrieden sind. Das freut sowohl Ihren Geldbeutel als auch Ihren Berater und führt dazu, dass er sich noch hingebungsvoller um Ihr wachsendes Vermögen kümmert. Denn neue Berater bedeuten meistens, seine Anlagen umzuschichten und wieder neue Abschläge zu zahlen. Also Vorsicht! Beraterwechsel sollten gut überlegt sein und Sie wirklich überzeugen.

Nerven bewahren

Selbstsicherheit beim Geldanlegen heißt, die Nerven zu bewahren. In der Ruhe liegt die Kraft, wenn es darum geht, langfristig satte Zusatzeinnahmen über gute Geldanlagen zu erwirtschaften. Ein Fehler, den viele Anleger machen, ist, zu schnell aus einem Investment herauszugehen. Wenn Sie sich für ein seriöses Produkt entschieden haben, sollten Sie nicht wie ein Zocker oder ein Daytrader jeden Tag kaufen und verkaufen. Denn das kostet Sie bares Geld und bringt nur der Bank oder dem Makler etwas. Jede Veränderung ist mit Kosten verbunden. Bleiben Sie zumindest mittelfristig bei Ihren Entscheidungen, es sei denn, es gibt eine Entwicklung, die in aller Munde ist und die Sie nicht verschlafen sollten. Wenn Sie sich daran gewöhnt haben, sich informiert zu halten und einen guten Berater an sich zu binden, werden Sie rechtzeitig mitbekommen, wenn akuter Handlungsbedarf besteht. Auch wenn Geld schon Ihr Hobby sein sollte oder nach der Lektüre dieses Buches sein wird – reservieren Sie sich lieber einen bestimmten Betrag als »Spielgeld«, mit dem Sie experimentieren können, und lassen Sie den Löwenanteil Ihres Vermögens in Ruhe wachsen. Denken Sie an ein zartes Pflänzchen: Wenn Sie es immer dann umtopfen, wenn es sich gerade eingewöhnt hat, wird es sehr anfällig für widrige Bedingungen.

Leben Sie nach Ihren Werten

Wahrer Wohlstand basiert wie ein gesundes Selbstwertgefühl auf einem eigenen Wertesystem. Es geht darum, ein Leben in persönlicher Integrität zu führen. Konsequent und glaubwürdig eigenen Maßstäben gerecht zu werden, ist eines der wirksamsten Mittel, die eigene Selbstachtung und Selbstwirksamkeit zu stärken. Wenn wir nach unseren persönlichen Werten leben, zeigen wir uns selbst jeden Tag, dass wir achtbare und fähige Menschen sind. Und wenn wir uns für achtbar und fähig halten, sind wir auch bereit, den Preis für unsere Arbeit zu fordern, den wir verdient haben. Wenn wir gleichzeitig geldgerechte Werte leben, sind wir als achtbare und fähige Menschen darüber hinaus in der Lage, gut mit unserem Geld umzugehen, es zu bewahren und zu vermehren. Das wiederum schließt den Kreis des Selbstwertgefühls: Wir verdienen, was wir verdienen, und wir können es!

Neben den Grundmotiven, die jeden individuell leiten, erarbeite ich mit meinen Klienten immer auch ein persönliches Werteprofil. Dazu stelle ich drei Fragen:

1. Denken Sie an eine Situation, in der Sie sich von einem wichtigen Menschen getrennt haben. Warum haben Sie das getan? Was hat Ihnen gefehlt? Denken Sie an einen Menschen, der Ihnen sehr viel bedeutet. Was finden Sie so gut an ihm oder ihr?

2. Denken Sie an Kollegen oder Chefs, die Sie sehr abgestoßen oder sehr beeindruckt haben. Was war es, was Sie gestört oder begeistert hat?
3. Denken Sie an den Job, den Sie bisher am besten fanden. Was war das Gute daran? Was hat Ihnen gefallen?

Bei vielen Menschen kommen etwa folgende Werte heraus:

- in Bezug auf Privatbeziehungen: Liebe, Verlässlichkeit, Ehrlichkeit, Zärtlichkeit, Erotik usw.
- in Bezug auf Kollegen: Kompetenz, Glaubwürdigkeit, Vertrauen usw.
- in Bezug auf den Job: Spaß, gute Bezahlung, das Betriebsklima, die interessante Tätigkeit usw.

Wenn Ehrlichkeit und Verlässlichkeit zu unseren Werten zählen, gehen wir jedes Mal, wenn wir diese Werte in unserem eigenen Verhalten verletzen, gegen uns selbst vor. Je öfter wir das tun, desto mehr erhalten wir ein Selbstbild von uns, das besagt: »Dir ist doch nicht zu trauen, du bist doch nicht vertrauenswürdig«. Fatal, denn unsere Selbstachtung und unser Glaube an unsere Fähigkeit, ein verlässlicher und ehrlicher Mensch sein zu können, werden untergraben. Diese Schäden wirken weitaus mehr als Vorwürfe, die uns von außen gemacht werden.

Die Philosophin Hannah Arendt sagte einmal, die größte Strafe für einen Mörder sei es, dass er mit sich selbst die Tat immer wieder ausmachen müsse. Im Selbstgespräch wisse er ganz genau, was er getan habe, selbst wenn er es nicht gestehe. Dieses Selbstgespräch strafe ihn mehr als alles andere im Leben, denn er habe seine Integrität vor sich selbst verloren.

Gut zu wissen, dass es andersherum genauso funktioniert: Wenn wir uns selbst treu bleiben und gemäß unserer Werte leben, erleben wir uns als verlässlich und vertrauenswürdig. Unsere Selbstachtung und der Glaube an uns als reife, kompetente Persönlichkeiten wachsen – und damit die Fähigkeit, unser finanzielles Potenzial auszuschöpfen.

Die Macht der 100-Prozent-Frage

Ich stelle meinen Klienten gerne die 100-Prozent-Frage, deren Wirkung kaum zu unterschätzen ist, wenn man sie wirklich und ernsthaft beantwortet:

1. Was wäre anders in Ihren privaten Beziehungen, wenn Sie 100 Prozent von dem leben würden, was Ihnen wichtig ist? Welche Konsequenzen müssten Sie ziehen?
2. Was wäre anders in den Beziehungen zu Ihren Chefs und Kollegen, wenn Sie 100 Prozent des Klimas im Beruf hätten, das Sie sich wünschen? Welche Konsequenzen müssten Sie ziehen?
3. Was wäre anders, wenn Sie den 100-Prozent-Job hätten, der Sie voll und ganz erfüllt? Was müsste sich verändern? Welche Konsequenzen würden anstehen?
4. Was wäre anders, wenn Sie in Gelddingen 100 Prozent von dem leben würden, was Sie sich wünschen?

Die 100-Prozent-Frage ist eine Bewusstseinsfrage und zwingt uns, ehrlich Bilanz zu ziehen. Sie zeigt uns, in welchen Bereichen unseres Lebens wir welche Kompromisse schließen und wie unser Leben aussehen würde, wenn wir damit aufhören. Es muss nicht immer gleich eine Trennung, ein Streitgespräch oder ein Jobwechsel die Folge sein. Oft aber ist das der Fall.

Für Martin Scholz, den heutigen Gesundheitsmanager, war es genauso. Er sah mit der 100-Prozent-Frage, dass der Beruf, den er im Moment ausübte, ihm niemals das geben würde, was er sich vom Leben wünschte.

Die 100-Prozent-Frage ehrlich zu beantworten, verlangt meiner Meinung nach einen hohen Grad an persönlicher Reife. Das Bewusstsein, das sie bringt, lässt sich nicht ohne Weiteres mehr verdrängen. Wenn wir die Frage aber beantwortet haben und klare Ergebnisse sehen, ist es alles andere als hilfreich, wenn wir uns weiter selbst betrügen. Denn wir wissen ja: Selbstbetrug nagt an unserem Selbstwertgefühl. Wir verlieren die Achtung und den Glauben an uns selbst, wenn wir wissen, was wir eigentlich brauchen, aber nichts oder zu wenig dafür tun.

Eine meiner ergreifendsten Coaching-Erfahrungen hatte ich mit einem Manager. Es handelte sich um eine Führungskraft in einem großen Konzern, der durch und durch unglücklich mit seinem Leben war. Er hatte eine hohe Position inne und schien dennoch mit Ende 40 bereits innerlich halb tot zu sein. Er reagierte auf Ansprache beinahe schon apathisch und ich hatte den Verdacht, dass er stark mit Depressionen zu tun hatte. Im Gespräch erzählte er mir, dass er seit 20 Jahren im Konzern sei, mit einer Lehre dort begonnen und sich bis in seine Position hochgearbeitet habe. Er sei müde und ausgelaugt von den politischen Spielereien in seiner Abteilung und habe den Biss vollkommen verloren. Ein halbes Jahr zuvor hatte er das Angebot bekommen, als Geschäftsführer in einen mittelständischen Betrieb zu wechseln. »Die waren so ganz anders«, sagte er und lächelte zum ersten Mal.»200 Leute, alle kannten sich beim Namen. Und das alles in meiner Traumlandschaft im Elsass. Davon träumen meine Frau und ich seit Jahren.« Ich fragte, was daraus geworden sei, und er sackte wieder in sich zusammen.»Da hätte ich wieder eine Probezeit gehabt und außerdem, jetzt habe ich schon so viele Rentenanwartschaften im Konzern.«

Ich stellte ihm im Laufe unserer Arbeit die 100-Prozent-Frage und es war klar und deutlich: Der Wechsel ins andere Unternehmen hätte 100 Prozent bedeutet! Keine Kompromisse mehr. Eigenverantwortung auf höchster Ebene, die Ernte für ein erfolgreiches Berufsleben, Anteile am Unternehmen, die ihn ein für allemal saniert hätten. Und eine glückliche Frau, die das Leben in der Großstadt satthatte. Das Ergebnis unseres Coachings verschreckte den Mann. Er sagte unsere gemeinsamen Folgetermine ab und ich hörte über ein Jahr nichts mehr von ihm.

Eines Tages rief er an, um mich für sein Unternehmen als Coach und Trainerin zu buchen. Er war nach einer »Trotzphase« von sechs Monaten nach unserem Treffen tatsächlich als Gesellschafter und Geschäftsführer ins andere Unternehmen gegangen.»Anfangs dachte ich, das geht doch gar nicht mit den 100 Prozent. Wo kämen wir denn hin, wenn alle 100 Prozent für sich einfordern würden?«, erzählte er.»Ich war stinksauer auf Sie. Heute weiß ich, dass Sie mich mit meinen Träumen konfrontiert hatten. Die Monate, in denen ich diese wieder verdrängen wollte, waren die Hölle und ich habe Sie wirklich verflucht.« Wir lachten beide.»Aber dann war es klar: Es gibt kein Zurück, wenn man sich selber weiter im Spiegel anschauen will. Eine Wahrheit bleibt eine Wahrheit.

Wenn man sie verdrängt und verleugnet, wird man zum Lügner. Zum Lügner in eigener Sache. Schrecklich.«

Er sprach zum ersten Mal mit seiner Frau über die Ergebnisse des Coachings und sie hatte vor Erleichterung geweint. Nach vielen Jahren erkannte sie den Mann wieder, den sie geheiratet hatte: den Visionär und Lebemenschen, der das Herz und die Zunge auf dem rechten Fleck hatte. Der Konzern hatte einen Taktierer und Schweiger aus ihm gemacht, dessen Augen nicht mehr leuchteten. Jetzt leuchteten sie wieder und ich konnte es an seiner Stimme hören, dass er seine alte Kraft wiedergefunden hatte. Finanziell stand er besser da denn je und die 100-Prozent-Frage wurde zu einer Gewohnheitsregel für ihn, seine Familie und seine Mitarbeiter.

Egal, in welcher Lebenssituation Sie selbst sind: Ein hohes Bewusstsein für die eigenen Motive, Werte und die eigene Lebenslage ist der Grundstein eines gesunden Selbstwertgefühls und damit die Basis für Ihren finanziellen Erfolg.

Wie man mit Rückschlägen umgeht

Die Muster, die wir oftmals schon seit unserer Kindheit in uns tragen, lassen sich verändern. Das erfordert eine tägliche Praxis, eine konsequente Art zu denken und zu handeln. Es braucht einen Umgang mit uns selbst und anderen, der unser Selbstwertgefühl und unser Vertrauen in die Welt jeden Tag stärkt.

Dennoch birgt jeder neue Anfang auch die Gefahr von Rückschlägen in sich. Ihnen etwas anderes zu sagen, wäre unseriös. Allein die gute Absicht reicht nicht. Man muss es auch tun. Aber selbst wenn man es tut, gibt es Momente, in denen wir zurückfallen in alte Muster des Denkens und Fühlens.

Thomas Wachmann war 42 Jahre alt und verkaufte beruflich Kopiergeräte an Unternehmen. Er arbeitete so erfolgreich an seinem Verhältnis zu Geld, dass er seine Verkaufszahlen innerhalb eines Quartals nahezu verdoppeln konnte. Nach einem halben Jahr kam er wieder zu mir ins Coaching und erzählte: »Es ist wie verhext. Mit den jungen, dynamischen Kunden in meinem Alter oder jünger komme ich prima klar. Da läuft alles perfekt. Seit ich mir klare Ziele setze und mein Potenzial im Auge habe, komme ich aus jedem Gespräch mit vollen Auftragsbüchern. Nur bei den Älteren habe ich immer noch große Probleme.« Er erzählte mir, dass er in einem wichtigen Gespräch wieder »klein« geworden sei. Sein Kunde, ein handfester mittelständischer Unternehmer Anfang 60, brachte ihn so aus der Fassung, dass er sich wieder fühlte wie ein kleiner Junge und Bittsteller. Anstatt einen konstruktiven Dialog zu führen, gab er nach, gewährte unglaubliche Rabatte und ließ sich von seinem Kunden schlicht und einfach über den Tisch ziehen.

»Wie schafft er das, Sie so aus der Reserve zu locken?«, fragte ich Thomas Wachmann.

»Er hat eine Art wie mein Vater. Er wird laut, haut auf den Tisch und ich habe das Gefühl, etwas ausgefressen zu haben.«

Ich sagte ihm, dass es seine Zeit brauchen werde, auch in einer solchen Situation bei sich und den neuen Mustern zu bleiben. Ältere, polternde Männer lösten genau das früh antrainierte Muster aus, sich kleinzumachen.

»Eine Situation wie bei Ihrem Kunden ist, als ob Sie den Vorhang zu Ihrer Kindheit ein wenig beiseiteschieben würden. Sie werden mit dem Jungen konfrontiert, der Sie damals waren. Es wird weniger werden, je mehr Sie sich daran gewöhnen, bei anderen Menschen die neuen Muster zu leben. Dann werden Sie spüren, dass Sie sich anders fühlen, wenn Sie mit solchen Männern zu tun haben. Je bewusster Sie aber diese Veränderung wahrnehmen, desto schneller und klarer können Sie nach und nach gegensteuern. Aber das braucht Zeit und Erfahrung.«

Thomas Wachmann konnte damit leben, bei diesen Kunden vorerst noch nicht die gleichen finanziellen Ergebnisse zu erreichen wie bei den anderen. Aber er lernte mit der Zeit, dass ältere Männer eben nicht sein Vater waren, sondern in einer Weise agierten, die ihn in alte Überlebensmuster brachte. Je mehr ihm das bewusst wurde, desto einfacher wurde es für ihn.

Damit sind wir bei einem wichtigen Rat, wie wir mit Rückschlägen umgehen können:

<u>Innehalten und bewusst werden</u>
Wir können lernen, immer wieder innezuhalten und uns bewusst zu werden, wie wir uns in einer Situation fühlen oder was wir denken. Dieses Bewusstseinstraining bringt langfristig die besten Ergebnisse.

Das Bewusstwerden funktioniert auch bei »Rückfällen« wie Kaufrausch, eigentlich nicht gewollten Zusagen, schlecht verlaufenen Verhandlungen. Wichtig ist es, sie spätestens nach dem Geschehen wahr- und ernst zu nehmen. Selbstironische Sprüche wie »Ich bin halt unverbesserlich« helfen nicht weiter. Genauso wenig wie Selbstbeschimpfungstiraden. Aber sich anzusehen, was passiert ist, und es anzuerkennen, ist ein Schritt in die richtige Richtung. Wenn Sie zum Beispiel ein zu niedriges Honorar vereinbart haben, können Sie sagen: »Ich habe mich diesmal nicht für mich eingesetzt. Das ist nicht gut. Ich werde mich in Zukunft besser vorbereiten, damit mir das nicht wieder passiert.«

Für viele ist eine solche »weiche Methode«, die nicht allzu viel Aufhebens macht und die die Dinge trotzdem ernst nimmt, vielleicht neu. Meine Erfahrung mit Veränderung ist aber, dass die beste Haltung sich selbst und anderen gegenüber Geduld, Nachsicht und erneuter Glaube an uns selbst ist. Wer sollte uns eine neue Chance geben, wenn nicht wir?

Nachts, wenn alles schläft

Viele meiner Klienten und auch ich selbst haben die Erfahrung gemacht, dass es nachts ganz schlimm kommen kann mit den Versagens- und Finanzängsten. Man liegt dann wach und wälzt die Probleme, die immer größer statt kleiner werden. Vermutlich liegt das daran, dass wir Menschen evolutionsbedingt nachts wachsamer sind und mehr Ängste brauchen, um den sich anschleichenden Säbelzahntiger mit gespitzten Ohren wahrzunehmen. Hormonell sind wir auf einer anderen Stufe als tagsüber, wo wir mit Motivationshormonen überschüttet werden, die uns ein viel besseres Gefühl dafür geben, was wir bewältigen können.

Ich habe mir angewöhnt, alle Ängste, die mich nachts quälen, aufzuschreiben und am Folgetag frühestens nach dem Frühstück zur Hand zu nehmen. Ich sehe dann sehr gut, was ich tatsächlich ernst nehmen muss und wo mir meine Nachtangst nur ein Schnippchen geschlagen hat. Tagängste sind deutlich ernster zu nehmen als Nachtängste und sollten bewusst wahrgenommen werden. Wir haben Ängste nicht umsonst, auch wenn wir uns nicht von ihnen überwältigen lassen dürfen. Wichtig ist jedoch zu unterscheiden, ob es eigene, reale Ängste sind oder von früheren Generationen oder über andere Menschen und Medien übertragene Ängste.

> In welchem Bereich erwarten oder erleben Sie Rückschläge? Gibt es Herausforderungen, denen Sie bewusst etwas mehr Zeit geben sollten? Welche Ängste und Befürchtungen haben Sie bei Tag? Welche bei Nacht? Wie sind Sie bisher damit umgegangen? Schreiben Sie eine Liste mit einem Balken in der Mitte. Links stehen die Tagängste, rechts die Nachtängste. Welche Themen sollten Sie unbedingt angehen? Wann fangen Sie damit an?

Eine eigene Geldkultur schaffen

Finanziell erfolgreiche Menschen haben eine eigene Geldkultur. Sie haben ihre individuelle Art, mit Geld umzugehen und sich um ihre Finanzen zu kümmern. Alles, was in unserem Leben eine eigene Kultur, also Bewusstheit und eigene Gewohnheiten und Rituale bekommt, kann sich entwickeln. Ob es unser Körper und unsere Gesundheit, unser Liebesleben oder eben unsere Finanzen sind. Immer wenn Sie ein Thema in den Griff bekommen wollen, ist es gut, eine Kultur zu diesem Thema zu erschaffen. Eine Kultur beginnt mit Bewusstheit, mit Wahrnehmung, bewussten Entscheidungen und in einem weiteren Schritt mit Ritualen und Gewohnheiten, die einem Thema in Ihrem Leben einen alltäglichen Rahmen geben. Wer zum Beispiel jeden Tag morgens laufen geht, danach duscht, ein Müsli mit Obst isst und den gesamten Tag ein Auge darauf hat, wie viel er sich bewegt oder was er essen möchte, hat eine eigene Gesundheitskultur, einen eigenen fitnessgerechten Lebensstil entwickelt.

Genauso sollte es mit Ihrem Verhältnis zu Geld sein. Schaffen Sie sich eine eigene Geldkultur: Grundregeln und Gewohnheiten, die Sie schaffen, um ein erfolgreiches und langfristig gutes Verhältnis zu Geld aufzubauen. Folgende Elemente können Teil einer ganz persönlichen Geldkultur werden. Ihrer Fantasie sind dabei keine Grenzen gesetzt.

Entwickeln Sie eigene Geldwerte

- Überlegen Sie sich, welchen Stellenwert Geld in Ihrem Leben haben soll. Wie wichtig soll es für Sie in Zukunft sein, Ihr finanzielles Potenzial voll auszuschöpfen? Dazu gehört: Die Einnahmen im Verdienst und im Geldanlegen zu optimieren und die Ausgaben so bewusst und effizient wie möglich zu halten.
- Wie möchten Sie Ihr Geld ausgeben? Worin wollen Sie mit Ihrem Geld investieren, wozu soll Ihr Geldbeitrag in der Welt dienen? Überlegen Sie sich genau, ob es Ihnen um möglichst viel Profit oder noch um andere Werte geht. Beides ist in Ordnung und niemand hat das Recht, Ihre Entscheidungen zu bewerten! Seien Sie sich darüber bewusst, wann und wofür Sie Geld ausgeben. Entscheiden Sie sich ganz persönlich und bewusst. Es geht nicht darum, jeden Cent zu sparen, sondern das, was Sie ausgeben, mit Herz und Verstand zu investieren.

- Überlegen Sie, welche Sonderbedürfnisse Sie haben. Ich lege beispielsweise Wert auf alternative Heilbehandlungen. Als gesetzlich Versicherte muss ich die Kosten selbst tragen. Ich lege ein monatliches Budget für diese Behandlungen zurück und spare für eventuell größere Ausgaben im Gesundheits- und Wellnessbereich. Mir ist sehr bewusst, dass Frauen und Männer meiner Generation im Schnitt deutlich über 90 Jahre alt werden. Ich muss mich auch finanziell darauf einstellen – nicht nur in puncto Altersvorsorge, sondern auch in Bezug auf die Lebensqualität, die ich mir einmal leisten möchte.

- Würdigen Sie Geld. Freuen Sie sich über alles, was Sie einnehmen, geben Sie es mit Bewusstsein und vielleicht auch etwas Dankbarkeit aus und legen Sie zuversichtlich und zufrieden Geld an. Geben Sie es nicht achtlos weg. Seien Sie jederzeit Herr oder Herrin der Entscheidung, dieses einzigartige Tauschmittel aus der Hand zu geben.

Schaffen Sie gute Geldgewohnheiten

- Halten Sie Ihr »Date mit dem Konto« ein. Das ist Ihr für mindestens einmal die Woche angesetzter Termin mit Ihrem Girokonto. Halten Sie sich regelmäßig auf dem Laufenden. Sehen Sie auch in Ihrem Geldbeutel nach dem Bargeldbestand. Transparenz und Bewusstheit sind der Schlüssel zu einer erfolgreichen Geldkultur. Wenn es Ihnen bisher Angst oder Unbehagen bereitet hat, sich mit Ihren Finanzen zu beschäftigen, dann schaffen Sie ein neues Ritual. Suchen Sie sich einen schönen Ort oder schaffen Sie sich einen in Ihrer Wohnung, legen Sie Ihre Lieblingsmusik auf und achten Sie darauf, innerlich gut mit sich selbst umzugehen, wenn Sie sich mit den Zahlen beschäftigen. Seien Sie Ihr eigener liebevoller Partner in Gelddingen. Seien Sie sich ein guter Coach, der an das eigene Potenzial glaubt, auch wenn es manchmal schwierig erscheint. Manche Menschen profitieren davon, mit ihren Unterlagen in ruhige Ecken eines Cafés zu gehen, um sich nicht allein zu fühlen, wenn es um Geldthemen geht. Das alles kann ein guter Anfang sein, bis Sie sich in Zukunft freiwillig, gerne und selbstbewusst mit Ihrem Geld beschäftigen.

- Nutzen Sie die 10-Prozent-Regel. Führen Sie per Dauerauftrag jeden Monat 10 Prozent Ihres Einkommens auf ein Konto ab. Das ist so wenig, dass Sie es bald nicht mehr merken werden, und gleichzeitig so viel, dass Sie sich nach und nach ein stattliches Vermögen ansparen. Legen Sie das Geld dann mit einem Berater optimal an.

- Bringen Sie Ordnung in Ihre Geldthemen. Legen Sie sich Ordner für Versicherungen, Einnahmen, Ausgaben und Geldanlagen (auch Immobilien) an.

- Schaffen Sie spielerisch Transparenz und Überblick: Kaufen Sie sich beispielsweise in einem Bastelgeschäft bunte Glassteine in drei verschiedenen Farben. Nehmen Sie nun drei große Gläser. Eines steht für »Einnahmen«, eines für »Ausgaben« und eines für »Geldanlage«. Geben Sie jedem Steinchen einen Wert, zum Beispiel 10 oder 100 Euro, und verteilen Sie die Steine im Laufe des Monats in die dafür vorgesehenen Gläser. Sie können damit jederzeit sehen, was Ihr Geld macht, wie viel hereinkommt und wo es hingeht.

- Wenn Sie selbstständig sind, ist es unerlässlich, dass Sie für genügend Steuerrücklagen sorgen. Gewöhnen

Sie sich an, sofort den entsprechenden Steueranteil auf ein Unterkonto zu buchen, wenn Geld bei Ihnen ankommt. Bedenken Sie: Viele Freiberufler und Unternehmer gehen pleite, weil sie an Steuerrückzahlungen scheitern. Das muss nicht sein. Halten Sie sich also unbedingt über Ihre Steuerrücklagen auf dem Laufenden! Steuerrücklagen gehören auch nicht aufs Girokonto, sondern auf ein verzinstes Tagesgeldkonto.

- Legen Sie ein Haushaltsbuch an, in dem Sie Ihre Ausgaben verzeichnen. Beim »Date mit dem Konto« können Sie es mit heranziehen und schauen, wie gut Sie Ihr Ausgabeverhalten nach Ihren ganz persönlichen Vorstellungen im Griff haben.

- Überlegen Sie, ob es eine Art Traumkonto, vielleicht ein Unterkonto, geben soll, das nur Ihren wirklichen Träumen vorbehalten ist. Das Segelboot? Der Oldtimer? Die lang ersehnte Weltreise? Auch finanziell längere Wege beginnen mit einem ersten Schritt!

Nutzen Sie professionelle Beratung

- Zweimal im Jahr sollten Sie die Beraterin oder den Berater Ihres Vertrauens treffen und darauf achten, ob Ihre Anlagen, Altersvorsorge und Ihre eventuell vorhandenen Kredite noch optimal geregelt sind. Wenn Sie bisher keine regelmäßigen Termine hatten: Bringen Sie Ihre Geldprodukte dahin gehend in Ordnung. Ist das Konto noch zeitgemäß oder gibt es bessere Alternativen? Zahlen Sie noch für Kontoauszüge, obwohl Sie alles im Internet abrufen? Ein Sparbuch gehört ins Museum, aber nicht in ein ordentliches Anlageportfolio. Für Geld, das immer verfügbar sein soll, sollten Sie sich ein Tagesgeldkonto anlegen. Es gibt noch pfiffigere Alternativen wie zum Beispiel Geldmarktfonds etc., bei denen Sie sehr zeitnah von allgemeinen Zinserhöhungen profitieren. Sprechen Sie mit Ihrem Berater, welche Produkte für kurz-, mittel- und langfristig verfügbare Gelder für Sie und Ihre Lebenssituation optimal sind. Es ist dabei ein großer Unterschied, ob Sie 25 oder 60 Jahre alt sind. Darüber hinaus ist Ihre familiäre und gesundheitliche Situation zu berücksichtigen. Dass ein Berater Sie als Mensch und Ihre Lebensbedürfnisse versteht, ist noch wichtiger als ein Null-Komma-Prozentpünktchen bei den Kosten. Das wirkt sich letztlich nur bei langfristigen Anlagen nennenswert aus.

- Einmal im Jahr sollte bei komplexeren Vermögensstrukturen auch der Steuerberater zu Wort kommen.

Geben Sie Ihrem Wohlstand Zeit

- Viele Menschen wünschen sich, auf der Stelle reich zu werden. Wenn es nicht sofort klappt mit dem Reichtum, geben sie gleich wieder auf. Wir haben gesehen, dass diese Art von schnellem Reichtum entweder gar nicht kommt oder schnell wieder weg ist. Gewöhnen Sie sich daran, dass Geld ähnlich funktioniert wie Fitness: Sie müssen immer dranbleiben, Erfolge stellen sich nicht über Nacht ein. Sie sind aber unvermeidlich, wenn Sie bewusst und konsequent täglich neu gute Entscheidungen treffen.

Wie wichtig der Zeitfaktor ist, lässt sich am Zinseszinseffekt ablesen. Das heißt, dass Ihr Vermögen umso stärker wächst, je länger es dafür Zeit hat. Wenn Sie beispielsweise jeden Monat 100 Euro sparen und Sie das Geld für 30 Jahre zu realistischen 7 Prozent anlegen, erhalten Sie nach Ablauf der Frist rund 117 000 Euro. Würden Sie nur zehn Jahre länger Zeit haben mit dem Sparen, also 40 Jahre lang jeden Monat 100 Euro zu 7 Prozent anlegen, bekämen Sie am Ende mit rund 248 000 Euro mehr als das Doppelte heraus, obwohl Sie eigentlich nur 12 000 Euro mehr gespart haben.[20]

Regelmäßige Rückschau und Planungen

Als Selbstständige halte ich am Ende des Jahres regelmäßig Rückschau auf meine Finanzen. Da ich bereits einen hohen Grad an Transparenz in Gelddingen erreicht habe, weiß ich immer recht gut darüber Bescheid, was ich verdient habe und welche Aufträge für das kommende Jahr bereits stehen. Ende des Jahres aber setze ich mir die Ziele für das neue Jahr. Ich schaue mir an, was mir im vergangenen Jahr Erfolg gebracht hat, und versuche diese Erkenntnisse auf das nächste Jahr zu übertragen oder ganz neue Wege auszuprobieren, mein Einkommen zu steigern. Meine Geldanlagen betrachte ich unter den gleichen Aspekten. Ich vergegenwärtige mir die Wertentwicklung und ziehe konsequent Schlüsse daraus. Dann überlege ich, welche Investments ich im kommenden Jahr tätigen will. Bei größeren Anlagen bespreche ich mich mit meinem Vater, bei kleineren oder in Versicherungsfragen bin ich in engem Kontakt mit meiner Finanzberaterin, die über ein CFP-Prädikat (Certified Financial Planner) verfügt und weiß, wovon sie spricht. Ich halte sämtliche Anlagen und Versicherungen mindestens jährlich up to date.

Bleiben Sie beweglich

Ein offenes Ohr und ein waches Auge für Finanzthemen sind ein solider Grundstein für ein gutes Geldverhältnis. Viele Dinge wirken schwierig und undurchsichtig. Zum Beispiel Zinseszinseffekte – Sie haben gerade darüber gelesen: Schon das Wort klingt für viele seltsam. Wir zeigen ein erwachsenes und würdiges Verhältnis zu uns selbst und zu Geld, wenn wir uns trotzdem bemühen, das zu verstehen, was wir als Grundwissen brauchen. Es gehört zu einer bewussten eigenen Geldkultur dazu. Schauen Sie hin, wenn Sie Werbung sehen, nehmen Sie sich die Broschüren mit, machen Sie es sich gemütlich und beschäftigen Sie sich in aller Ruhe mit Geldthemen. Sie müssen nicht alles wissen und sich nicht um jedes kleine Detail kümmern, aber Sie sollten wissen, was gespielt wird, wenn es um Ihr Geld geht. Es kann für Sie so wichtig sein wie Benzin für die Fahrtauglichkeit eines Autos. Bleiben Sie beweglich.

WACHSTUM ALS
LEBENSSTIL

Ich sitze in einem weichen, cremefarbenen Sessel in der Lobby des Bayerischen Hofes in München. Ich komme gerade von einem Vortrag, den ich in einer Bank gehalten habe. Die Kellner tragen schwarz. Sie sprechen leise, bewegen sich geschmeidig zwischen den diskreten Sitzgelegenheiten der Hotelgäste. Je luxuriöser ein Ambiente, desto dezenter ist die Geräuschkulisse. Man unterhält sich leise, man nimmt sich wahr, nickt sich hier und da zu, weil man sich schon beim Champagner am Frühstücksbüfett getroffen hat.

Schon im letzten Jahrhundert haben die Lobbys der Luxushotels die Schriftsteller inspiriert. In Stefan Zweigs Roman *Rausch der Verwandlung* wird eine kleine Postangestellte aus der österreichischen Provinz von ihrer reich verheirateten Tante in ein Schweizer Hotel der Extraklasse eingeladen. Für wenige Wochen darf sie vom Reichtum des Lebens kosten. Sie genießt den Duft, die Eleganz, die Lebensfreude der sogenannten besseren Gesellschaft. Die Rückkehr in ihre ärmlichen Lebensverhältnisse verwindet sie nicht. Bereits kurze Zeit später geht sie von ihrem Bergdorf weg ins großstädtische Wien, lebt in einem dunklen Hinterzimmer und setzt sich Tag für Tag in den Kleidern, die ihre Tante ihr geschenkt hat, in die Lobby eines Hotels, sehnsüchtig darauf wartend, einen Mann kennenzulernen, der sie mitnimmt in die Welt der Wohlhabenden. Für Zweig, einen Mann des späten 19. und frühen 20. Jahrhunderts, konnte es noch kein Happy End für seine Heldin geben.

Der Roman *Rausch der Verwandlung* gehört zu meinen Lieblingsbüchern. Ich habe ihn zum ersten Mal mit Mitte 20 gelesen. Er hat mich beeindruckt, weil er mir gezeigt hat, welch ungeheure Möglichkeiten wir Menschen des 21. Jahrhunderts haben. Dabei liegt die Zeit, von der Stefan Zweig schreibt, erst wenige Jahrzehnte zurück. Die Mutter meiner Mutter wurde 1919 geboren, die meines Vaters 1915. Ich kann mich noch gut an sie erinnern. Die eine, Barbara, arbeitete vor Ihrer Heirat gegen Kost und Logis auf dem Hof ihres Bruders, dann arbeitete sie mehrere Jahre in einer Wäscherei an der Heißmangel. Später putzte und verkaufte sie in einer Nürnberger Metzgerei. Die andere, Anna, zog sechs Kinder groß und verdiente in einem Kurzwarengeschäft als Verkäuferin und Putzhilfe etwas dazu. Was sie wohl sagen würden zu dieser Lobby im Bayerischen Hof und dazu, dass ihre Enkeltochter hier sitzt? Zu Stefan Zweigs Zeiten vor rund 100 Jahren waren Armut und Reichtum ein Schicksal. Armut hieß bittere Not, ein Leben in Enge, voller Notwendigkeiten, ohne Freiheit, ohne Lebensfreude. Meine Großmütter waren arm. Mühe und Arbeit waren ihr Leben. An ein Herauskommen aus diesen bitteren Umständen war nicht zu denken.

Heute ist das anders. Es gibt viele Wege, um ein finanziell sicheres und zufriedenes Leben zu führen. Der eine ist Bildung, also eine Fortbildung, eine Ausbildung, ein höherer Schulabschluss. Ein anderer ist es, sich selbstständig zu machen. Die Tätigkeit, mit der man sein Geld verdient, muss einem Freude machen und zu den eigenen Stärken, Talenten, Fähigkeiten und Träumen passen. Ich bin davon überzeugt, dass es für jeden Menschen in diesem Leben eine Aufgabe gibt und dass er oder sie es verdient hat, dafür gutes Geld zu bekommen. Niemand ist dazu verurteilt, sein Leben für zu wenig Geld mit einer Arbeit zu verbringen, die keine Freude macht. In unserer Zeit haben Persönlichkeiten Erfolg, die ihren eigenen Wünschen und Träumen folgen und die sich konsequent darauf konzentrieren, sie zu verwirklichen. Ihr wichtigster innerer Begleiter ist ihre Sicht auf sich selbst und auf die Welt, in der wir leben.

Wenn Sie sich selbst Wert und Würde beimessen und anderen Menschen mit der gleichen Haltung begegnen, werden Sie automatisch richtig handeln. Mit einem guten Selbstwert und einem konstruktiven Weltbild werden Sie das, was in Ihnen angelegt ist, zur Entfaltung bringen. Was Sie einmal geprägt und klein gehalten haben mag, dürfen Sie getrost hinter sich lassen. Sie dürfen das, was Sie wahrhaft verdient haben, genießen und sich daran freuen. Es ist nichts Verwerfliches daran.

Persönliches Wachstum, die lebenslange Entwicklung unserer Kenntnisse, Fähigkeiten und unserer charakterlichen Eigenschaften sind der Schlüssel zu einem Leben in Sicherheit und Wohlstand. Je mehr wir selbst wachsen, desto mehr wird unser Vermögen wachsen. Dazu sollte man sich angewöhnen, möglichst früh jede wichtige Entscheidung auch aus einer finanziellen Perspektive zu betrachten. Fragen Sie sich bei jeder Entscheidung, welche Auswirkungen diese Entscheidung auf Ihre Finanzen haben wird.

Der Kellner im Bayerischen Hof bringt mir ein Kännchen Tee, er fragt mich, ob ich den besonderen Mechanismus der Kannen in diesem Hotel kenne. Es handelt sich um eine spezielle Kippvorrichtung, die den Teebeutel automatisch aus dem Wasser hebt, wenn man sie betätigt, und verhindert, dass der Tee bitter wird. Ich nicke ihm zu, ich kenne den Mechanismus. Ich bin öfter in der Lobby des Bayerischen Hofes, auch wenn ich nicht dort logiere. Es ist ein herrlicher Ort zum Träumen, ich fühle mich geborgen und sicher in den schweren Sesseln, ich genieße es, von den aufmerksamen Kellnern verwöhnt zu werden, und freue mich über das Kommen und Gehen der Menschen, die sich hier, an diesem stillen Ort der Üppigkeit, begegnen.

Ja, es ist ein Geschenk, in welchem Lebensstandard wir leben. Und ich bin dankbar, in dieser Zeit leben zu dürfen. Die Heldin in Stefan Zweigs *Rausch der Verwandlung* sah noch keine andere Möglichkeit als eine Karriere als Kleinkriminelle, um zu einem Wohlstand zu kommen, den sie sich wünschte. Diesen Weg müssen wir heute nicht mehr einschlagen. Wir haben die Chance, zu dem Wohlstand zu kommen, der zu uns passt.

Der Kellner im Bayerischen Hof bringt mir ein weiteres Kännchen Tee. Ich überschlage kurz, dass selbst jemand, der jeden Monat 1 000 Euro netto verdient, im Laufe eines 45-jährigen Berufslebens ohne Gehaltssteigerung einen Betrag von 540 000 Euro für sich erwirtschaftet. Früher waren das rund eine Million D-Mark. Es lohnt sich, über seine Einnahmen nachzudenken und Wege zu suchen, diese zu erhöhen. Sie sind als Hebel genauso wichtig wie die Ausgaben oder das, was wir regelmäßig sparen. Aber alles beginnt mit unseren Träumen.

Der berühmte Satz von Antoine de Saint-Exupéry gilt auch für unser finanzielles Dasein: »Wenn du ein Schiff bauen willst, so trommle nicht Männer zusammen, um Holz zu beschaffen, Werkzeuge vorzubereiten, Aufgaben zu vergeben und die Arbeit einzuteilen, sondern lehre die Männer die Sehnsucht nach dem weiten endlosen Meer.« Was ist Ihre Sehnsucht? Wovon träumen Sie? Wissen Sie, an welchem Ort Sie besonders gut träumen können? Mit wem gemeinsam können Sie am besten träumen? Oder tun Sie es lieber für sich allein? Ich möchte Sie sehr dazu ermuntern – aber passen Sie auf, die Wahrscheinlichkeit ist groß, dass Ihre Träume wahr werden!

In einer Lobby wie der des Bayerischen Hofs habe ich einmal geträumt, dass ich meine Wochentage nicht mehr in klimatisierten Büros mit Neonbeleuchtung verbringen möchte. Ich wollte nicht mehr Tag und Nacht und am Wochenende arbeiten, um dafür Geld zu verdienen, für das ich nicht einmal die Zeit hatte, es auszugeben. Ich machte mich auf die Suche nach meiner persönlichen Berufung und saß wenige Monate später an einem See in Brandenburg und schrieb an meinem Buch *Die Kunst, seine Berufung zu finden*.

In welcher Lebenssituation Sie auch sein mögen: Sie dürfen träumen. Und Sie dürfen davon ausgehen, dass es mindestens einen Weg gibt, Ihre Träume zu verwirklichen.

Im Coaching gibt es eine wichtige Regel: Wie verspeist man einen Elefanten? Schritt für Schritt! Mit der richtigen Strategie werden Sie Ihr persönliches und finanzielles Wachstum voranbringen. Ich bin überzeugt davon und ich wünsche Ihnen, dass es gelingt.

ANHANG

Danksagung

Auf meinem Weg zu diesem Buch haben mich viele Menschen ermutigt, inspiriert und begleitet. Ihnen gilt mein besonderer Dank.

Vielen Dank an Jens Schadendorf, Sabine Asgodom, Prof. Dr. Lothar Seiwert, Prof. Dr. Barbara Schott, Christine Weiner, die Asgodom Training Group, die Kolleginnen und Kollegen bei der GSA, Andrea Lienhardt, Ursu Mahler, Theresia Volk, Siegfried Brockert, Dagmar Olzog und Gerhard Plachta vom Kösel-Verlag, Dorit Spiller, Kara Pientka, Lydia Roeber und Denise Zöphel, die dieses Buch umsichtig und kompetent begleitet hat (www.texte-mit-wirkung.de).

Anmerkungen

1 Ich habe dazu bereits im Buch *Die Frau, die ihr Gehalt mal eben verdoppelt hat ... 25 verblüffende Coaching-Geschichten*, hrsg. von Sabine Asgodom, geschrieben (München: Kösel 2008).

2 Nathaniel Branden: *Die 6 Säulen des Selbstwertgefühls. Erfolgreich und zufrieden durch ein starkes Selbst*, München: Piper 2005

3 Martin S. Fridson: *Milliardäre und ihre Erfolgsgeschichten. Die Strategien der 14 Superreichen*, Rosenheim: TM Börsenverlag 2001

4 Sabine Bode: *Die deutsche Krankheit – German Angst*, Stuttgart: Klett-Cotta 2006

5 Wolfgang Schmidbauer: *Hilflose Helfer. Über die seelische Problematik der helfenden Berufe*, Reinbek: Rowohlt-TB 2004

6 Vgl. Thomas Druyen: *Goldkinder. Die Welt des Vermögens*, Hamburg: Murmann 2007

7 Nathaniel Branden, a.a.O., S. 22

8 Im Frühjahr 2008 erschien ihr motivierender Ratgeber für Existenzgründerinnen: Sabine Asgodom: *Raus aus der Komfortzone, rein in den Erfolg. Das Programm für Ihre persönliche Unabhängigkeit*, Frankfurt/M.: Campus 2008

9 Dazu ein sehr interessanter Lektüretipp: Gerald Hüther: *Bedienungsanleitung für ein menschliches Gehirn*, Göttingen, Vandenhoeck & Ruprecht 2004

10 Wie Sie mehr Zeit für sich finden, zeigt Ihnen der Zeitmanagementexperte Prof. Dr. Lothar Seiwert in seinen Büchern *Noch mehr Zeit für das Wesentliche. Zeitmanagement neu entdecken* (Kreuzlingen: Hugendubel 2006) und *Wenn du es eilig hast, gehe langsam. Mehr Zeit in einer beschleunigten Welt* (Frankfurt/M.: Campus 2005).

11 Vgl. Nathaniel Branden, a.a.O., S. 18

12 Ebd., S. 117

13 Ebd., S. 86

14 Nach Helmut Fuchs und Andreas Huber: *Die 16 Lebensmotive. Was uns wirklich antreibt*, München: dtv 2002

15 Nathaniel Branden, a.a.O., S. 141

16 Linda Babcock und Sara Laschever: *Women don't ask. Negotiation and the Gender Divide*, Princeton: Princeton University Press 2003

17 Joachim Bauer: *Prinzip Menschlichkeit. Warum wir von Natur aus kooperieren*, Hamburg: Hoffmann und Campe 2006

18 Carol Dweck: *Selbstbild. Wie unser Denken Erfolge oder Niederlagen bewirkt*, Frankfurt/M.: Campus 2007

19 Sehr schön erzählt die 10-Prozent-Regel George S. Clason in seinem Buch *Der reichste Mann von Babylon. Erfolgsgeheimnisse der Antike. Der erste Schritt in die finanzielle Freiheit* (München: Goldmann 2002). Die Erstausgabe dieses Lesebuchs erschien bereits 1926.

20 Diese Beispielrechnung ist, um den Zinseszinseffekt deutlich zu machen, nicht um Steuern oder Inflationswerte bereinigt.

Literaturhinweise

Asgodom, Sabine: *Raus aus der Komfortzone, rein in den Erfolg. Das Programm für Ihre persönliche Unabhängigkeit*, Frankfurt/M.: Campus 2008

Asgodom Sabine (Hrsg.): *Die Frau, die ihr Gehalt mal eben verdoppelt hat ... 25 verblüffende Coaching-Geschichten*, München: Kösel 2008

Babcock, Linda; Laschever, Sara: *Women don't ask. Negotiation and the Gender Divide*, Princeton: Princeton University Press 2003

Bauer, Joachim: *Prinzip Menschlichkeit. Warum wir von Natur aus kooperieren*, Hamburg: Hoffmann und Campe 2006

Bock, Petra: *Die Kunst, seine Berufung zu finden*, Frankfurt/M.: Scherz 2005

Bode, Sabine: *Die deutsche Krankheit – German Angst*, Stuttgart: Klett-Cotta 2006

Branden, Nathaniel: *Die 6 Säulen des Selbstwertgefühls. Erfolgreich und zufrieden durch ein starkes Selbst*, München: Piper 2005

Clason, George S.: *Der reichste Mann von Babylon. Erfolgsgeheimnisse der Antike. Der erste Schritt in die finanzielle Freiheit*, München: Goldmann 2002

Druyen, Thomas: *Goldkinder. Die Welt des Vermögens*, Hamburg: Murmann 2007

Dweck, Carol: *Selbstbild. Wie unser Denken Erfolge oder Niederlagen bewirkt*, Frankfurt/M.: Campus 2007

Fridson, Martin S.: *Milliardäre und ihre Erfolgsgeschichten. Die Strategien der 14 Superreichen*, Rosenheim: TM Börsenverlag 2001

Fuchs, Helmut; Huber, Andreas: *Die 16 Lebensmotive. Was uns wirklich antreibt*, München: dtv 2002

Hüther, Gerald: *Bedienungsanleitung für ein menschliches Gehirn*, Göttingen: Vandenhoeck & Ruprecht 2004

Kuschel, Svea; Hintze, Constanze: *Geld steht jeder Frau. Ein Wegbegleiter für eine reiche und sichere Zukunft*, Frankfurt/M.: Allenburg 2007

Küstenmacher, Werner Tiki; Seiwert, Lothar: *Simplify your life. Einfacher und glücklicher leben*, Frankfurt/M.: Campus 2004

Schmidbauer, Wolfgang: *Hilflose Helfer. Über die seelische Problematik der helfenden Berufe*, Reinbek: Rowohlt-TB 2004

Seiwert, Lothar: *Noch mehr Zeit für das Wesentliche. Zeitmanagement neu entdecken*, Kreuzlingen: Hugendubel 2006

Seiwert, Lothar; McGee-Cooper, Ann: *Wenn du es eilig hast, gehe langsam. Mehr Zeit in einer beschleunigten Welt*, Frankfurt/M.: Campus 2005

Weitere Informationen zum Thema und zur Autorin finden Sie im Internet unter www.petrabock.de und direkt bei:

Dr. Petra Bock
Coaching & Beratung
Albrechtstr. 13
D-10117 Berlin
Tel.: 0 30 / 69 51 87 07
Fax: 0 30 / 69 51 87 05